TECSERION,

Par Monsieur B. DE S.

Il y a de la raiſon à s'amuſer
par la folie.

M. DCC. XXXVII.

DISCOURS

PRELIMINAIRE.

ON ne veut ni demander grace pour ce Conte, ni le loüer. Le premier seroit au moins inutile, & le second marqueroit une vanité qu'on n'a pas. Ainsi la prévention générale que l'on a contre les Préfaces, seroit injuste à l'égard de celle-ci, puisque les vûës n'en sont pas les mêmes.

Tecserion est un Conte de Fées, on l'avouë humblement; il est même à propos d'avertir que ce n'est rien de plus ; ce n'est pas qu'on ait peur qu'on le prenne pour un Poëme épique, mais les Politiques beaux esprits, pourroient y chercher du myftere & de l'allégorie qu'on n'y a point mis, & l'on feroit fâché que l'Ouvrage plût par le beau qu'on y fuppofe-roit, parce que ce beau feroit étranger, & qu'on ne doit point fe faire honneur de ce qui ne nous appartient pas.

On fe piquoit autrefois d'entendre fon Rabelais ; avoüer qu'on le trouvoit inintelligible eût été renoncer au titre brillant d'efprit fin. Dans ce compofé bizarre de bon & de mauvais, on fe donnoit la torture pour trouver du fens où il n'y en avoit pas, de la délicateſſe dans les choſes les plus groſſieres, du myſtere dans les plus ſimples, en un mot, de la fineſſe par tout. A la fin on en eſt revenu; l'on convient aujourd'hui qu'on a été trop longtems la dupe des extravagances de Rabelais, & que la vraie fineſſe d'eſprit conſiſte à entendre ce qui eſt fait pour être entendu ; on demande donc qu'on ſe ſouvienne de cette régle générale, & que l'on en faſſe uſage dans la lecture de *Tecſerion*.

Nous pourrions dire impunément que l'original de ce Conte a été trouvé par le hazard

a iij

le plus singulier du monde dans les ruines de quelque vieux Château, ou dans quelque Cabinet de Sçavant, d'où un connoisseur l'auroit tiré, ou bien qu'il a été traduit d'une langue étrangere ; on nous croiroit peut-être aussi bien que mille Auteurs qui donnent à leurs manuscrits un air d'avanture qu'ils croyent nécessaire, & qui n'est ordinairement que ridicule.

Jugeant contre l'axiôme accredité, que souvent il vaut mieux faire des riens que de ne rien faire du tout, on s'est amusé a écrire ce Conte ; on souhaite que les autres s'amusent en le lisant. Au reste on ne s'embarraſſe pas qu'il plaiſe à tout le monde, par exemple, à des Géométres, à des Métaphiſiciens, pour leſquels il n'eſt point fait ; mais, en mêmetems, ces Meſſieurs ne doivent point le défendre à des eſprits d'un ordre different du leur, & pour leſquels il eſt fait. Un Philoſophe qui ne comprend pas que des hommes raiſonnables puiſſent s'occuper d'un Conte de Fées, n'eſt point Philoſophe ; il ne penſe pas que tous les hommes n'ont pas le bonheur ou le malheur de l'être, & de ne goûter que des idées philoſophiques.

On ne prétend pas que les Contes de Fées ſoient un genre

d'écrire, comparable à l'hiſtoire, ni même au ſimple Roman;
cependant ſur ce principe in-
conteſtable, que la bonté des
differens genres d'ouvrages eſt
relative aux differens ordres
d'eſprit, on croit que ces Contes
peuvent être bons, & même
généralement meilleurs que
des livres excellens, parce
qu'ils conviennent au plus
grand nombre de perſonnes.

Suppoſons-les encore ſans
inſtruction & ſans utilité (ce
qui eſt preſque impoſſible)
ces récits fabuleux ne ceſſeront
point par là d'être bons, dès
qu'ils donneront du plaiſir;
par cette raiſon évidente, que
le plaiſir eſt eſſentiellement

un bien en lui-même , car c'eſt un paradoxe inſoûtenable de dire que l'agréable eſt inſéparable de l'utile : Qu'on les joigne enſemble autant qu'on le peut , à la bonne heure , ſur tout que l'utile ſoit toujours accompagné de l'agréable dont il a ſouvent beſoin pour plaire ; mais l'agréable peut marcher ſeul , ſûr d'être bien venu par tout.

C'eſt pourquoi , un bon Danſeur , un grand Acteur , un excellent Pantomime , font des gens précieux à la Societé; plus mépriſés qu'ils ne ſont mépriſables réellement , en récompenſe aimés & admirés au-de-là de ce qu'ils méritent ; ils

font infiniment au-deſſous d'un
Mathématicien profond, d'un
habile Métaphiſicien, d'un ſça-
vant Antiquaire, d'un bon
Orateur, mais leurs talens
ſont plus aimables & plus d'u-
ſage dans le train ordinaire de
la vie, que des talens ſuperieurs;
ils ont l'art de donner du
plaiſir, de charmer l'ennui, de
diſſiper le chagrin & la triſteſſe; en un mot, de faire, au
moins pour quelques momens,
des heureux. Peut-on trop
payer de ſemblables avantages? & trop chérir ceux qui
nous les procurent?

Il en eſt à peu près de même
des Contes de Fées, à l'égard
d'un grand nombre de lecteurs.

Quelque ridicule qu'en ſoit le fond, quelque extravagant que ſoit le merveilleux ſur lequel ils roulent, ils ſont bons pour ceux qu'ils amuſent , qu'ils d'éſennuyent, parce que le divertiſſement , comme on l'a déja dit, eſt un bien , & l'ennui un mal. Enfin on tient pour certain qu'il y a de la ſageſſe à tirer du plaiſir de la folie.

En voilà aſſez pour l'apologie des Contes de Fées en général. On n'ajoûtera rien en faveur de *Tecſerion* ; ſi on trouve du plaiſir à le lire ou à le critiquer, nous aurons d'une façon ou d'une autre, atteint notre but, qui étoit de con-

tribuer dans notre loisir au plaisirs des autres.

F I N.

TECSERION,

TECSERION,

OV

LE PRINCE

DES AUTRUCHES.

NOVVEAV CONTE DE FÉES.

Ans un Pays voisin des Royaumes de Romancie, il y avoit une fois un méchant Roi ; on le nommoit Tecserion : On ne le vit jamais sourire ; il ne connoissoit d'autres plaisirs que celui de faire du mal ; avec

A

cela, il avoit une figure que la nature sembloit lui avoir donnée exprès pour le faire détester davantage; en un mot, sa laideur égaloit la méchanceté de son caractere. Jamais Sujets ne furent plus malheureux que les siens; il se plaisoit à les faire pendre, & trouvoit des douceurs dans cette cruauté.

Son nom n'étoit pas moins odieux à ses voisins; il n'y avoit rien qu'il ne fût capable d'entreprendre contre-eux, & rien n'étoit impossible à sa puissance magique, car il étoit grand Enchanteur; par-dessus le marché, savoit-il qu'un Roi voisin fût amoureux de quelque belle Princesse, il la changeoit en Autruche, & l'amant en Perroquet, de sorte qu'il n'étoit pas permis à un Prince d'aimer dans ses propres Etats.

L'amour étoit un crime plus impardonnable encore pour les malheureux Sujets de Tecserion. Soit qu'il ne pût être sensible qu'à la haine, soit qu'il voulût qu'on n'aimât que lui, il étoit défendu dans toute l'étenduë de ses Etats d'être amoureux; mais comme il étoit aussi impossible aux jeunes gens de l'un & l'autre séxe, de vivre sans tendresse les uns pour les autres, que d'aimer leur Prince, on voyoit tous les jours des couples d'amans changés en

Autruches & en Perroquets, mais plus souvent en Autruches, parce que le tyran s'étoit apperçû que sous la forme de Perroquets ils conservoient l'usage de la parole, ce qui pouvoit être pour eux une sorte de consolation dans leur métamorphose.

On pense bien qu'en faisant ainsi faire vœu de chasteté à ses Sujets, & en les changeant en Autruches lorsqu'ils y manquoient, Tecserion se vit bientôt Roi d'un Peuple d'Autruches ; voilà où le réduisit son horreur contre l'amour ; au reste il s'en embarrassoit fort peu, il étoit assez fou pour aimer mieux régner sur des

Autruches que sur des hommes; & en effet cela lui con-
venoit mieux.

Il y avoit déja longtems
qu'il régnoit sur ces Oiseaux,
lorsqu'il apprit qu'une Reine,
veuve d'un Roi puissant, avoit
une fille unique, dont la beauté
étoit sans égale. Son Royaume
s'appelloit l'Empire des Fleurs,
& la jeune Princesse qui avoit
environ quinze ans, se nommoit Belzamine. Depuis qu'il
y avoit des Princesses dans le
monde, on n'en avoit point
encore vû de si belle; les graces
avoient à l'envi formé sa figure, & la nature lui avoit donné
un esprit tel qu'il falloit pour
en faire une personne accom-

A iij

plie en tout genre. Mais quel
esprit encore! Le plus fin, le
plus badin, & en même tems le
plus solide; enfin elle étoit la
merveille de son Siecle. Il n'y
avoit point d'endroit du monde
si reculé qu'il fût, où on ne
parlât de la beauté & de l'esprit
de Belzamine. Mille Rois l'a-
doroient, mais mille Rois l'a-
doroient en vain; l'insensible
Princesse ignoroit le pouvoir
de l'amour. Contente de plaire,
elle n'imaginoit pas qu'on
pût aimer; cependant un Oracle la menaçoit d'une passion
violente & malheureuse; il
avoit prédit que si elle sortoit
une fois de l'Empire des Fleurs,
elle n'aimeroit que celui qui
ne l'aimeroit pas.

Quel affront pour une belle Princeſſe, & quel tourment pour une Princeſſe amoureuſe? On ne pouvoit pas lui faire une prédiction plus terrible.

Quoique l'on ſçache que les malheurs annoncés par les Oracles ſont inévitables, on tâche cependant de les éviter; ainſi la Reine ne négligea rien pour détourner celui dont ſon aimable fille étoit menacée. Elle eut donc ſoin de lui cacher tous les livres de Géographie, afin que l'Univers lui paroiſſant renfermé dans l'Empire des Fleurs, elle n'eût aucun déſir d'en ſortir; en effet, comme les limites en étoient fort éten-duës, malgré ſa pénetration,

A iiij

elle ne pensa point s'il y avoit quelque chose au-delà : D'ailleurs les Gouvernantes & la Reine même, la prêchoient incessamment contre l'amour; à tous propos c'étoient des histoires sur la perfidie des hommes, & sur le danger qu'il y a de les écouter. La pauvre Princesse profitoit de ces leçons, & comme toutes les jeunes filles qui n'en ont jamais entendu d'autres, elle regardoit tous les hommes comme des monstres : elle croyoit ce qu'on lui avoit dit, & se faisoit un scrupule de vouloir seulement en douter.

Pendant que la Reine des Fleurs perdoit son tems à ins-

pirer à Belzamine des fentimens que la nature défavouë
tôt ou tard, Tecferion fur le
portrait de la jeune Princeffe
en devint amoureux. Il affem-
bla les Autruches qui formoient fon Confeil, & leur
déclara qu'il vouloit abfolu-
ment fe marier. Quelle fut
leur furprife à cette propofition! Elles ne pouvoient comprendre comment leur Roi
qui ne fçavoit que haïr, avoit
pû prendre de l'amour : mais
le Portrait de Belzamine qu'il
leur montra, leur expliqua ce
prodige; elles furent éblouïes
des charmes de la Princeffe,
& applaudirent unanimement
au choix de Tecferion.

Auſſi-tôt une Autruche de marque, fut députée pour aller demander la Princeſſe au nom du Roi, & la parole lui fut renduë pour cette négociation. Elle avoit ordre cependant de déclarer à la Reine des Fleurs que ſi elle refuſoit ſa fille, le Roi des Autruches, & toutes les Autruches du monde viendroient fondre dans ſon Royaume, & le mettroient à feu & à ſang. L'Ambaſſadrice ſe diſpoſa à s'acquiter de cette impertinente commiſſion, & partit avec pluſieurs de ſes Compagnes, qui lui formoient une ſuite aſſez leſte.

La Reine des Fleurs avertie de l'Ambaſſade & des inten-

tions de Tecserion, se trouva
dans un étrange embarras ; au
lieu d'assembler son Conseil
sur une affaire qui demandoit
d'autres lumieres que celles
de la prudence humaine, elle
pensa qu'il étoit plus à propos
de s'adresser sur le champ à
la plus habile Fée qu'il y eût
alors ; c'étoit la Fée des *Mirthes*
qui demeuroit dans une Province de son Empire. La Reine
ne comptoit pas moins sur son
amitié que sur sa science, aussi
en fut-elle reçûë comme elle
le souhaitoit. Les complimens
faits, la Fée des Mirthes prit
un grand livre, & après y
avoir lû : Reine des Fleurs, lui
dit-elle, *la Princesse Belzamine*

est menacée d'un plus grand mal-
heur que celui d'épouser Tecserion;
elle l'évitera cependant, si elle
peut se livrer sans répugnance à
cet hymen, O Dieux! s'écria la
Reine, ma fille seroit femme
de Tecserion! L'ai-je donc élevée avec tant de soins pour la
rendre digne de ce monstre? Et
comment pourra-t-elle vaincre la répugnance que lui doit
inspirer une figure si effroya
ble? Le cœur peut-il prendre
des sentimens qui ne font pas
naturels? Reine, interrompit la
Fée, le Destin est plus fort que
la nature; disposez donc l'esprit
de Belzamine à ce mariage
qui vous effraye, & ne songez
qu'à diminuer cette répugnan-

ce qui vous allarme, ou bien
déterminez-vous à la voir la
plus malheureuse personne du
monde.

A ces mots, la Reine saisie
de crainte, n'eut pas la force
ni la préfence d'efprit de répondre à la Fée; toute occupée du fort de fa fille, elle
reprit en diligence la route de
de fa Capitale. Elle y arriva
en même tems que les Autruches qui demanderent auffi-
tôt audience; elle écouta leur
harangue, & demanda quelque
tems pour répondre. Auffi-tôt
elle fit venir Belzamine dans
fon Appartement, elle l'embraffa mille fois, comme une
victime qu'elle alloit facrifier,

& lui déclara qu'il falloit se résoudre à épouser Tecserion. Qu'il en coûta cher à sa tendresse, pour prononcer cet ordre cruel! car elle aimoit éperduëment sa fille. Ce n'étoit point un interêt politique qui la lui faisoit sacrifier; elle étoit moins touchée des menaces du Roi, que des malheurs prédits à la Princesse si elle le refusoit. Belzamine qui n'avoit point encore aimé, n'avoit point encore de volonté; elle aimoit plus sa mere qu'elle ne pouvoit haïr le Roi des Autruches, ainsi elle se détermina à lui obéir pour ne la pas désesperer, & lui promit plus qu'elle ne pouvoit tenir.

La Reine fut charmée de cette obéiſſance, mais elle repaſſoit ſans ceſſe dans ſon eſprit cette fatale prédiction : que ſi Belzamine ſortoit du Royaume des Fleurs, elle aimeroit un homme qui ne la pourroit ſouffrir. Elle ne pouvoit imaginer que le cœur de ſa fille pût devenir ſenſible pour Tecſerion, encore moins que Tecſerion pût ne pas l'adorer. Cet Oracle qu'elle crut devoir cacher à la Princeſſe, étoit donc pour elle un myſtere qui lui donnoit de cruelles inquiétudes. Cependant elle ſe flatta qu'il pourroit être ſans effet, ſi Belzamine pouvoit épouſer Tecſerion ſans ſortir de l'Empire des Fleurs, mais

par un entêtement brutal, ou
qui étoit dans l'ordre du Destin.
Le Roi ne voulut jamais venir
faire son mariage dans l'Empire
des Fleurs ; tout ce qu'on put
obtenir de sa complaisance,
fut qu'il se rendroit sur les
frontieres. Belzamine fut donc
obligée de partir avec sa mere
pour le Champ des Anémo-
nes, & d'y aller chercher un
époux qui devoit la faire füir
au bout de l'Univers : Cette
Province étoit la derniere de
l'Empire des Fleurs, & limi-
trophe de celui des Topases;
un grand Fleuve séparoit, de ce
côté-là, les deux Etats, & leur
servoit de bornes naturelles :
Sur les bords de ce Fleuve
s'élevoit

s'élevoit un vaste bâtiment de Porcelaine; c'est ce Palais qui fut destiné pour la cérémonie du mariage.

Un Salon magnifique qui s'avançoit en saillie sur la riviere, fut paré de tout ce qu'on imagina de plus rare & de plus beau pour l'entrevûë; les murs étoient de Porcelaine blanche, couverts de belles Anemones & de pierreries, attachées à des branches d'Emeraudes, qui sortoient de Vases d'or incrustés dans la Porcelaine; le tout formoit un berceau également riche & brillant; les fenêtres d'un seul morceau de cristal de roche, s'ouvroient sur un balcon dont la rampe d'or alloit finir en coquille sur la riviere qui baignoit les marches du Salon comme les murs du Palais. Mille Chaloupes dorées, & peintes de mille couleurs, préfentoient fur l'eau un fpectable charmant, pour divertir la Princeffe; on fit des Joûtes & on donna même un Combat naval.

Dans ces amufemens, elle attendit trois jours Tecferion, avec plus de crainte fans doute, que d'impatience. Le quatriéme, des Autruches envoyées pour annoncer fon arrivée, avertirent qu'il alloit paroître; auffi-tôt on para la jeune Belzamine de toutes les Pierreries de la Couronne, mais la magnificence de ses habits ne pouvoit rien ajoûter à l'éclat de sa beauté.

Elle reçut avec un air de douceur & de gayeté, les complimens des Autruches : Des instans de tristesse & de frayeur la surprenoient quelque fois, mais pour ne pas augmenter l'affliction de la Reine qui fondoit en larmes, elle se faisoit violence, & paroissoit contente de son sort. Enfin on vint dire que la Litiere de Tecserion paroissoit au-delà de la riviere ; le Prince des Topases qui accompagnoit Tecserion son oncle, avoit fait dresser une tente magnifique sur le bord de l'eau, pour y recevoir

la Princeſſe à ſon paſſage. Le
Roi des Autruches s'y arrêta,
& prenant une lunette d'apro-
che, il lorgna la Princeſſe qui
étoit ſur le balcon de ſon Palais:
Il penſa s'évanoüir de ſurpriſe
tant il la trouva belle, ſans
une Autruche qui lui ſervoit
d'Ecuyer, il en ſeroit tombé
à la renverſe. Qu'on m'aille
chercher Belzamine, dit-il
bruſquement à ſes Autruches,
je veux l'épouſer tout à l'heure,
je ne peux pas attendre davantage.

Qu'allez-vous faire ? Seigneur, lui dit le Prince des
Topales, vous n'y ſongez pas,
la Reine & la Princeſſe ne ſouf-
friront pas qu'on les enleve

aïnſi; la violence… Tecſerion
ne lui donna pas le tems d'a-
chever; furieux de cette re-
montrance, il jetta ſur lui un
regard enflammé, & prenant
un ton menaçant: Qui vous
a fait ſi oſé, lui dit-il, que
de contredire mes volontés ?
Sont-elles faites pour être
contrariées ? Regardez-la cette
Belzamine; & quoique je vous
défende de la trouver auſſi
belle que je la vois, je vous
demande ſeulement ſi le paſſage de la riviere qui ſera long
& embarraſſant, doit être un
obſtacle à mes déſirs, lorſque
je peux paſſer ſur cette cérémonie, & avoir la Princeſſe
dans un inſtant? Allez donc,

en s'adreſſant à ſes Autruches,
amenez-moi laReine desFleurs
avec ſa fille, de gré ou de force,
ſans quoi je vous torderai le
col, ainſi qu'au Prince mon
neveu, dont les conſeils m'of-
fenſent. Tecſerion parloit avec
un emportement qui le mettoit hors de lui-même, & cette
agitation lui cauſa ſur le champ
une fiévre violente avec des
redoublemens, & un tranſport
ſi furieux, que le Prince ſon
neveu qui ſe nommoit Melidor,
fut contraint de le faire lier :
Il dépêcha en même tems un
de ſes confidens à la Reine,
pour lui dire de demeurer tranquille chez elle ; mais il étoit
trop tard, les Autruches eſ-

frayées des menaces de Tecferion, avoient déja enlevé les
Princeffes, fans leur avoir feulement expofé le fujet de leur
venuë, & les rendirent, deux
minutes après, dans la tente du
Roi, dont la vie étoit en grand
danger.

Melidor étoit un jeune Prince très-aimable, doux, généreux, bienfaifant; en un mot,
le contrafte parfait de fon oncle; d'ailleurs il n'étoit pas
moins puiffant que lui; un dépit amoureux l'avoit fait paffer
à la Cour de Tecferion, où
il efperoit pouvoir oublier plus
facilement une jeune Fée coquette, à laquelle il étoit encore attaché, malgré la cruelle

infidelité qu'elle lui avoit faite.
Du caractere dont étoit son
oncle, sa conversation & sa
compagnie lui avoient paru un
remede très-propre pour recouvrer la tranquilité; il s'étoit
flatté qu'à force de dire ensemble du mal contre les femmes,
il chasseroit de son esprit sa
maîtresse & sa trahison; en effet,
l'amour & la haine de Melidor
diminuoient tous les jours, &
faisoient insensiblement place
au mépris; d'un autre côté,
tandis qu'il travailloit si heu-
reusement à oublier la Fée in-
fidelle, il gagnoit l'amitié de
Tecserion, qui charmé de lui
voir des sentimens assez con-
formes aux siens, le prit en
affection,

affection, & le regarda comme
son propre fils.

Les choses en étoient là, entr'eux, & l'on ne s'occupoit
qu'à déchirer le sexe à la Cour
du Roi des Autruches, lorsque le portrait de Belzamine
y fut apporté. A la vûë de ce
portrait, toute la haine du Roi
l'abandonna : il sentit de l'a-
mour pour la premiere fois,
& résolut en même tems d'é-
pouser la Princesse, qui ne plut
pas moins au Prince des Topases : Tout prévenu qu'il étoit
contre la perfidie des femmes,
dès le même jour, il forma de
son côté, le dessein de s'en faire
aimer, pour achever de briser
la chaîne de la Fée qui l'avoit

C

fi indignement trompé. Il étoit
d'une belle figure, il le fçavoit
& cette connoiffance lui répondoit du fuccès de fes foins.
La gloire de l'emporter fur
fon oncle, & le plaifir de fe
venger de fa maîtreffe infidéle,
le flatoient agréablement, ou
plûtôt il entroit plus de vanité
& de vengeance, que d'amour,
dans le defir qu'il avoit de plaire à Belzamine.

Tecferion ne fe doutoit point
des fentimens de fon neveu,
ainfi il accepta avec plaifir la
propofition que lui fit le Prince, de l'accompagner, d'autant
plus qu'il falloit néceffairement paffer par le Royaume
des Topafes pour aller dans

celui des Fleurs. Melidor fit même promettre à son oncle de demeurer quelque jours dans ses Etats, où il vouloit, disoit-il, lui rendre à son retour les honneurs qui lui étoient dûs, aussi-bien qu'à la Princesse qu'il alloit épouser. Tecserion en effet fut enchanté des attentions de son neveu pendant toute la route, & ne reconnut rien dans sa conduite ni ses discours, qui dût lui donner la moindre défiance, jusqu'à ce qu'ils fussent arrivés vis-à-vis le Palais de Porcelaine, sur le bord du Fleuve où nous avons laissé Tecserion très-malade, & la Reine des Fleurs & Belzamine

dans la Tente, très - piquées
de leur enlevement.

Melidor se trouva donc char-
gé de recevoir les Princesses
& de faire les honneurs de son
oncle, & l'on pensa bien qu'il
n'oublia pas ses propres interêts dans des circonstances
aussi favorables à son amour.
Il se présenta devant la Reine
des Fleurs & la jeune Princesse,
avec un air respectueux &
des façons empressées : il leur
demanda pardon de la violence
qu'on venoit de leur faire, &
s'excusa galamment, en re-
jettant la faute sur les charmes
de Belzamine, que Tecserion
avoit voulu voir avant que de
mourir. La beauté de la Prin-

cesse est si merveilleuse, dit le Prince, en lui jettant un regard plein de tendresse, que le Roi seroit trop heureux d'expirer à ses yeux, & d'attendrir son cœur dans ce dernier moment; car ajouta-t-il, l'état où il est fait désesperer de sa vie. Belzamine ne répondit que par un silence modeste, & un air timide & embarrassé, que Melidor sçut interpreter en sa faveur.

Il les conduisit ensuite dans un cabinet de la Tente où le Roi étoit dans un assoupissement létargique : Si l'art pouvoit corriger la figure d'un monstre, la magnificence des habillemens & la richesse du

lit fur lequel il étoit, l'auroient rendu moins effroyable,
mais fous la parure on retrou-
voit toujours Tecferion, c'eft-
à-dire le plus vilain homme
du monde. Imaginez-vous une
petite figure, haute d'environ
deux pieds, dont la moitié
étoit en vifage, mais fi maigre &
étroit, qu'on le perdoit prefque
de vûë dans un bonet à oreilles
doublé d'hermine. Une barbe
auffi blanche & qui fembloit
être du même poil que la fou-
rure de fon bonet, lui defcen-
doit plus bas qus le genoüil.
Une Couronne de la hauteur
d'un pied & d'un feul diamant brillant, faifoit un effet
ridicule fur fa tête ; & fa robe

de velour pourpre & noir, toute ratachée d'agraffes de diamans, étoit à la verité la plus belle chofe du monde, mais en même tems la plus inutile, pour rendre beau le Roi des Autruches. Comme les richeffes & la magnificence des habits n'avoient pas encore le pouvoir magique de donner de la beauté à des magots, Belzamine trouva Tecferion auffi effroyable qu'il étoit : C'eft-là votre oncle ! Seigneur, dit-elle à Melidor, en s'approchant du lit du Roi. Ah ciel ! Quoi voilà le mari qu'on me deftine ? La Reine étonnée, ne fçavoit comment excufer fes exclamations offenfantes

auprès de Melidor, qui une
bougie à la main, éclairoit
malicieufement toute la laideur de fon oncle. Seigneur,
lui dit-elle, vous voyez que
ma fille eft un peu furprife de
trouver un tel époux, mais il
faut efperer que l'efprit & les
façons du Roi répareront fon
grand âge, qui eft toujours un
défaut révoltant aux yeux d'u-
ne jeune perfonne. Cette belle
excufe étoit affez inutile, Melidor n'étoit nullement cho-
qué de l'averfion qu'avoit
Belzamine pour fon oncle, il lui
fçavoit bon gré au contraire, de la façon vive & ingé-
nuë dont elle venoit de s'ex-
primer. Il répondit donc à

Reine avec une politeſſe aiſée, & au ſortir de la chambre du Roi il la conduiſit dans ſa Tente. Là, après quelques diſcours ſur la maladie de Tecſerion, il repréſenta galamment aux Princeſſes qu'elles ne pouvoient demeurer dans un lieu ſi incommode, & qu'elles ſeroient beaucoup mieux dans l'Iſle des Turquoiſes, qui étoit peu éloignée; elles accepterent avec plaiſir la propoſition du Prince, & on prit auſſi-tôt le chemin de cette Iſle, où étoit la Capitale du Royaume des Topaſes; on y tranſporta auſſi Tecſerion, que les Médecins ni le voyage ne purent tirer de ſon aſſoupiſſement.

La Reine des Fleurs & la Princesse furent logées dans un Palais fait d'une seule Turquoise
d'un bleu parfait : Les portes
en étoient de diamant, aussi
bien que les balcons & les fenêtres. Ce brillant édifice étoit
au milieu d'un Lac d'une eau
pure, & communiquoit à l'Isle
par un Pont de cristal de roche,
garni d'or & enrichi des Turquoises les plus belles. On
entra dans ce Palais au moment
qu'on venoit de l'orner depuis
le haut jusques en bas de
chiffres de lumiere, qui faisoient briller par tout le nom
de Belzamine. Un apparte-
ment meublé d'une étoffe bleue
& or, fut donné à cette Prin-

ceſſe, & dès ce moment, elle fut ſervie comme la Reine des Autruches : Elle avoit une maiſon nombreuſe, & même aſſez brillante, quoiqu’elle ne fût compoſée que d’Autruches ; il eſt vrai que Tecſerion leur avoit rendu à toutes l’uſage de la parole, ainſi, elles étoient des Autruches parlantes & raiſonnables.

La létargie de Tecſerion dura quarante jours, qui furent quarante jours de fêtes continuelles, mais agréablement diverſifiées, pour égayer la triſteſſe de la jeune Princeſſe ; enfin Melidor n’épargna rien pour lui plaire, & pour diſſiper ſa triſteſſe, mais l’un étoit

plus difficile que l'autre. L'o-
dieuse image de Tecserion la
suivoit par tout, la plongeoit
dans les réflexions les plus
cruelles, & lui inspiroit, de plus
en plus, une aversion qui ne
diminuoit point à la vûë de
l'aimable Melidor. Quelle difference, se disoit-elle, entre
ces deux Princes! Et pourquoi le sort injuste m'ôte-t-il
la liberté du choix? Elle se
plaignoit sans cesse de l'Oracle
fatal si contraire à ses vœux,
car la Reine le lui avoit revelé
pour la prévenir sur le danger
qu'elle couroit en voyant Melidor.

Qu'il est dangereux de voir
continuellement un objet

qu’on craint d’aimer ! Belzamine en combattant son penchant pour le jeune Prince, ne
faisoit qu’enfoncer le trait qui
l’avoit blessée. L’amour & les
soins de Melidor faisoient taire
l’Oracle, & oublier les menaces, & la Princesse ne craignoit
d’autre malheur que celui de
ne pas épouser Melidor.

Un soir qu’elle promenoit
ses tristes réflexions dans les
Jardins du Palais, accompa-
gnée d’une jeune Autruche,
qui étoit une de ses Dames
d’honneur, elle lui fit quelque
questions, moins par curiosité
que pour étourdir le chagrin
qui l’accabloit. Entre-autres
choses elle lui demanda quelles

étoient les Loix du Royaume dont elle alloit être Reine, & pourquoi il n'y avoit que des Autruches : Voici ce que l'Autruche lui répondit.

Notre Royaume, Madame, n'a pas toujours été tel qu'il est aujourd'hui. Il n'y a gueres plus de cent ans, que le pere du Roi Tecferion, vivement piqué contre la Reine sa femme, à l'occafion de certains chagrins qu'elle lui avoit donnés, prit une si forte prévention contre l'amour & contre les femmes en général, qu'il réfolut d'em-pêcher son fils de courir les mêmes dangers que lui, en em-pêchant qu'il pût donner de l'amour : Il changea donc pour

cette effet la figure de Tecferion, qui étoit auffi beau qu'il
eft affreux à prefent; mais ce
pere imprudent ne fongea pas
que fon fils, fans pouvoir donner de l'amour pouvoit en prendre, & que pour lors fa métamorphofe le rendroit dou-
blement malheureux.

Cependant Tecferion prit
bien-tôt les fentimens que fon
pere attendoit de lui. Outré de
fe voir fi laid, il communiqua
à fon efprit la métamorphofe
de fon corps, & devint auffi
fombre & auffi méchant, qu'il
avoit été auparavant doux &
enjoüé. Le Roi fe repentit dans
la fuite d'avoir fait un monftre
de fon fils, mais le deftin ne

lui permettoit pas de lui rendre
fa premiere forme, il l'affûra
feulement en mourant qu'il la
reprendroit un jour s'il pouvoit
trouver une Princeffe qui l'é-
poufât fans répugnance.

Tecferion fentit combien
il lui feroit inutile d'entreprendre une telle recherche, ainfi
devenant de plus en plus in-
fuportable à lui-même, il ne
s'occupa que des moyens de
fe venger de la haine & du
mépris qu'il croyoit infpirer à
tout le monde par fa laideur.
Sa fœur, mere du Prince Melidor, mourut deux ans après
le Prince des Topafes fon mari;
comme Tecferion l'avoit toujours beaucoup aimée, cette

perte

perte aigrit encore son caractere, & mit le comble à sa mi-
santropie. Dès-lors, se voüant
tout entier à la haine, il jura de
bannir l'amour de son Royaume, & même de l'Univers
s'il le pouvoit; il l'entreprit en
effet, car il changea en Autruche tous ses Sujets, & ceux
de ses voisins dont il décou-
vroit les amours. Il leur laissoit
cependant le choix de reprendre la figure humaine à soixante
ans, ou de rester Autruches
s'ils l'aimoient mieux. J'en ai
peu vû à cet âge, qui n'est plus
celui de l'amour, redemander
leur premiere condition, sur
tout parmi les femmes, elles
se contentent de recouvrer la

D

liberté de leur langue, dont
elles se servent jusqu'à la mort,
& avec plus de légereté encore
sous la forme d'Autruches.

Tecserion dans la solitude
au milieu de ses Etats dépeu-
plés, se mit à étudier les des-
tinées; celle du Prince Melidor
fut la premiere qu'il découvrit.. Eh, que lui prometoit-
elle cette destinée, interrompit vivement la Princesse? Un
malheur sans égal, reprit tristement le bel Oiseau: la perte de
sa vie, par la faute de celle qui
l'aimeroit le mieux. Ah ciel!
s'écria la Princesse, il ne faut
donc jamais aimer que Tecserion? A ces mots reconnois-
sant qu'elle en avoit trop dit,

elle feignit de se trouver mal & rentra dans le Palais. Aussi-tôt, malgré les remontrances de la Reine & les instances de Melidor qui vouloient qu’elle parût au bal, elle se mit au lit, & demanda qu’on la laissât seule, témoignant qu’elle avoit besoin de repos. La pauvre Princesse étoit cependant bien éloignée d’en pouvoir pren-dre, & ce n’étoit point pour cela qu’elle se retiroit. Dès qu’elle se vit seule avec l’Au-truche qui l’avoit déja entre-tenuë, elle lui ordonna de continuer l’histoire du Prince Melidor : L’Autruche obéït en ces termes.

J’avois donc l’honneur de

vous dire, Madame, que le deſtin menaçoit le Prince de perdre la vie, par la faute de celle qui l'aimeroit davantage, & que le Roi ſon oncle avoit deviné par ſa ſcience, ce funeſte ſecret ; c'eſt pourquoi il réſolut de ſouſtraire le jeune Melidor à tous ce qu'il y avoit de femmes dans le monde, dans le deſſein cependant de lui rendre la figure humaine à ſoixante ans ; mais il ne pouvoit point ainſi métamorphoſer le Prince malgré lui ; il s'y prit donc de toutes ſortes de façons pour avoir ſon conſentement, mais ce fut toujours en vain : Melidor lui répondit qu'il aimoit mieux mourir du plaiſir

d'être aimé, que du chagrin
de ne pouvoir l'être. Son oncle obligé de se contenter de
sa raison, bonne ou mauvaise,
ne pensa plus qu'à lui inspirer
des sentimens qui fissent le
même effet que la métamorphose: Pour y parvenir, il le
tira d'entre les mains des femmes, & chargea de son édu-
cation des Gouverneurs séveres, qui lui répetoient gravement du matin jusqu'au soir,
qu'il ne devoit ni aimer ni chercher à se faire aimer. Melidor
n'étoit pas fort attentif à ces
leçons, son cœur naturellement tendre, s'abandonnoit
avec plaisir à la douceur fla-
teuse de penser que le vrai

bonheur eſt d'aimer tendrement qui nous aime de même.

Cependant il grandiſſoit &
devint enfin ſon maître ; il ſe
ſouvint des bontés qu'avoit eu
pour lui la Fée des Mirthes,
connuë par ſa prudence, &
crut qu'il devoit lui aller faire
ſa cour & lui marquer ſa reconnoiſſance des bons conſeils
qu'elle lui avoit donnés. Cette
Fée mettoit alors tous ſes ſoins
à élever la jeune Fée Renoncule, ſa couſine, & ces ſoins
étoient aſſez inutiles, car Renoncule étoit aſſez coquette,
diſſimulée, incapable d'autre
attention, que de celle de cacher ſes petites coquetteries à
ſa couſine.

Melidor alla donc chez la Reine des Mirthes, & y arriva par hazard un jour qu'elle donnoit un grand bal dans son Palais; à l'arrivée du Prince le bal cessa, & toutes les Fées surprises de ses graces, se rangerent en haye pour le laisser passer. Renoncule Dès ce moment forma le dessein de lui plaire, ce n'est pas qu'elle eût pour lui aucun penchant, elle ignoroit ce que c'est qu'aimer, mais sa vanité étoit flattée d'enlever la conquête de Melidor à toutes les Fées qui pouvoient y prétendre. Elle ne cessa donc plus de le lorgner, & de l'agacer, malgré les signes de la Fée des Mirthes, qui la prioit de se contenir; voyant même que le jeune Prince, trop timide, répondoit assez nonchalamment à ses avances, elle le prit pour danser, & lui serrant sa main: Hé grand Dieu! lui dit-elle tout bas, est-il possible que vos yeux répondent si mal à ce que les miens vous disent depuis une heure?

Melidor à ces mots se réveilla comme d'un profond assoupissement, & regardant la Fée avec de grands yeux bleus, qui ne marquoient rien moins que de l'indifference: Madame, lui dit-il, comment puis-je croire ce que je n'osois esperer? Mon bonheur n'est-il point un songe? Parlez bas, interrompit

pit la Fée coquette, & trouvez-vous ce soir dans le Labyrinthe des Mirthes, vous verrez ce que je peux faire pour vous si vous m'aimez. A ces mots, elle le quitta pour aller se mêler parmi les Fées qui dansoient, & continua ses coquetteries avec tous les Princes qui composoient l'assemblée, avec des façons capables de désesperer Melidor, mais tout occupé de la conquête de Renoncule, & n'osant douter de sa sincerité après ce qu'elle venoit de lui dire. Le jeune Prince, sans experience, s'imagina qu'elle n'en usoit ainsi que pour tromper les yeux de sa cousine.

Cependant le bal finit, &

Melidor après avoir conduit
la Fée des Mirthes dans son
appartement, vola vers le Labyrinthe : Il y attendit deux
heures entieres , avec autant
d'impatience que d'inquiétude,
la volage Renoncule. Elle y
arriva enfin , & lui fit aussi-tôt
oublier par toute la tendresse
qu'elle lui marqua, les cruels
momens qu'il venoit de passer.
Ravi de l'empressement de sa
maîtresse, il crut qu'elle sentoit
pour le moins autant d'amour
qu'elle lui en inspiroit.

Elle continua à donner des
rendez-vous au jeune Prince,
qui devenant tous les jours
plus amoureux, se trouvoit le
plus heureux des hommes ; il

ne lui manquoit qu'un prétexte pour demeurer à la Cour de la Fée des Mirthes, & son amour le rendit industrieux à le faire naître.

Il y avoit six mois que ces deux amans vivoient dans une parfaite intelligence, lorsque Renoncule promit à Melidor de lui donner son portrait dans ce même Labyrinte, témoin du commencement de leurs amours : Ce soir-là, la Fée des Mirthes se retiroit plus tard qu'à l'ordinaire, de sorte que le Prince qui ne pouvoit pas la quitter avec bienséance, laissa passer l'heure marquée par Renoncule; cependant dès qu'il fut libre, il courut au Labyrinthe avec l'empreſſement du plus tendre des amans; mais il fut fort ſurpris en approchant du Cabinet où Renoncule devoit être ſeule, de l'entendre parler; il s'arrêta, moins pour l'écouter que pour ne la pas compromettre, car il croïoit qu'elle s'entretenoit peut-être avec une de ſes compagnes qui l'avoit ſuivie, & dont elle n'avoit pû ſe débarraſſer. Il fut bien-tôt détrompé.

Je n'aime point Melidor, diſoit la volage, & le ſacrifice de mon portrait doit vous le prouver; je me ſuis longtems amuſée avec lui, pour donner le change à la Fée des Mirthes, qui ne m'auroit pas pardonné de chercher à vous plaire, mais puisqu’enfin vous m’aimez assez pour l’oublier, je vous promets de ne plus voir Melidor.

Non, sans doute, vous ne le verrez plus, s’écria le Prince, en s’avançant vers le Cabinet: Et toi, traître, dit-il, en s’adressant au Prince Romarin, qui étoit encore aux genoux de la jeune Fée, tu ne joüiras pas de ta perfidie, je vais venger la Fée des Mirthes, & ma tendresse tout ensemble: A ces mots, il tira son épée dont il alloit percer son rival, mais Renoncule lui saisit le bras à propos, & fit signe de l’autre main au Prince Romarin, de se retirer ; ce qu'il fit bien vîte.

Qu'alliez-vous faire, dit-elle alors a Melidor, en le regardant tendrement ? Ingrat que vous êtes, voulez-vous me défefperer par un jaloufie qui n'a nul fondement ? Le Prince plus étonné de cette effronterie que de ce qu'il venoit d'entendre, remit affez froidement fon épée, & regardant Renoncule avec un air de mépris qui la déconcerta : Je ne fuis point jaloux, reprit-il, j'aurois même grand tort de l'être, je pars pour ne vous laiffer aucun doute fur mes fentimens, & je vais tâcher d'en effacer jufqu'à la honte de les avoir conçûs.

Il la quitta en même tems,

malgré les efforts qu'elle fit
pour le retenir, & dès le lendemain matin, ayant pris congé
de la Fée des Mirthes, il retourna dans ſes Etats. Il ne fit
que les traverſer pour ſe rendre
chez le Roi des Autruches ſon
oncle, & lui conter ſon déſeſ-
poir.

Renoncule de ſon côté,
s'embarraſſa aſſez peu de la
perte de Melidor, & s'en con-
ſola facilement avec le Prince
Romarin, dont la conquête
flattoit moins ſon cœur que ſa
vanité; elle ne l'aimoit point
véritablement, mais elle vouloit l'enlever à la Fée des Mirthes, qui l'aimoit & elle y
réüſſit.

La Fée, sensible à cet affront, s'en vengea sur Renoncule en la chassant de sa Cour; le Prince Romarin la suivit, mais bientôt après, lassé de la coquetterie de sa maîtresse que rien ne pouvoit fixer, il l'abandonna. La Fée volage reprit alors ses premiers sentimens pour Melidor, & résolut de le ramener à elle : c'est dans ce dessein qu'elle est venuë dans l'Isle des Perles qu'on découvre d'ici.

Comment ! Renoncule est si près d'ici, interrompit Belzamine ? Melidor ne l'a-t-il point vûe ? Non, Madame, reprit l'Autruche, il paroît même occupé de toute autre chose.

C'en eſt aſſez, dit la Princeſſe, allez vous coucher, ma chere Autruche, car je ſens que je vais m'endormir : votre hiſtoire m'a ravi, & je vous avouë que vous contez parfaitement. L'Autruche ſe retira, après une profonde réverence, & laiſſa la Princeſſe livrée à elle-même, à ſon amour, & à ſa jalouſie. On devine aiſément quelle nuit elle paſſa ; elle ſouhaita ſans doute, mille fois, que l'Iſle des Perles & ſa dan-gereuſe rivale fuſſent à l'autre bout du monde.

Quels droits n'a pas une pre-miere inclination ſur un cœur tendre ! Belzamine ſe les rap-pelloit avec une exactitude qui la défefperoit : d'ailleurs, elle n'étoit point encore fûre d'être aimée de Melidor. Cette nuit lui parut éternelle, quoiqu'elle ne pût pas la paffer toute entiere dans fon lit, où le filence & la tranquillité augmentoient fon agitation, enfin elle fe trouva dans les jardins avant le lever du foleil : Mais la promenade ne put diffiper fes peines, & le jour, au contraire, ne fit que les aigrir, par les objets qu'il lui fit voir. De deffus une terraffe élevée elle découvrit l'Ifle des Perles, & toute l'Ifle ne préfenta à fon efprit que la redoutable Renoncule ; elle y arrêta fes yeux, & s'appuya fur une baluftrade de lapis, qui régnoit autour de la terraffe, pour s'abandonner aux réflexions les plus ameres.

Melidor de fon côté, inquiet de la fanté de Beizamine, n'avoit point dormi tranquillement ; il étoit déja levé, & fe promenoit dans les Jardins vis-à-vis les fenêtres de la Princeffe, en attendant fon réveil ; il l'apperçut fur la terraffe, & fut fort étonné de l'y voir fi matin ; elle lui parut fi occupée, qu'il balança s'il l'interromproit dans fes réflexions, mais l'amour l'emporta fur cette confideration.

Que faites-vous donc ici, Madame, dit-il en l'abordant refpectueufement ? Vous préferez la folitude aux plaifirs que nous tâchons de vous procurer ; nos empreſſemens vous déplairoient - ils ? Méprifez-vous nos foins ? Non, Seigneur, répondit la Princeſſe, en le regardant d'un air mêlé de triſteſſe & de langeur, je ne fuis point des divertiſſemens qui doivent me plaire, mais on aime quelque-fois à fe délaſſer par un peu de folitude du tumulte des fêtes. Hélas ! Madame, reprit Melidor, qu'on feroit heureux fi vous permettiez qu'on vous imitât ! Que ces momens de retraites feroient agréables pour celui qui auroit le bonheur de les partager avec vous ! Je vous adore, divine

Belzamine, continua-t-il en se jettant à ses genoux ; tout ce que je dois de respect à mon oncle, céde au plaisir de vous le dire ; je meurs si vous consentez qu'il vous épouse.

La Princesse embarrassée fit un effort sur elle-même pour lui répondre : Je n'ai point choisi, dit-elle, Tecserion pour mon époux ; les Princesses sont ordinairement les victimes de l'Etat ; cependant ma foi est engagée ; & quoique je n'aïe point de part à cet engagement, mon devoir veut que j'y souscrive. Ah cruelle ! s'écria le Prince, qu'est-ce que ce devoir, lorsque l'amour parle ? Dites plûtôt que la tendresse de Melidor

n'a pû toucher votre cœur, &
que vous acceptez fans peine
la Couronne des Autruches.

Je devrois du moins vous le
laiffer croire, reprit Belzamine,
attendrie par la douleur du
Prince, mais hélas! je n'ai pas
la force de refifter à ce repro-
che! Vous êtes injufte, Melidor;
cependant fuyez-moi fi vous
m'aimez, faites ce facrifice à ma
gloire : je fens, je vous en fais
l'aveu, qu'elle a befoin de ce
fecours pour fe foûtenir: Oui,
croiez que c'eft avec une douleur extrême que je confens à
porter la Couronne qu'on
m'offre. Hélas! fans l'oracle qui
menace vos jours.... A ces
mots, elle quitta brufquement

Melidor, & alla fe renfermer
dans fon appartement.

Le Prince demeura immo-
bile. Il feroit difficile de dire
ce qui fe paffoit dans fon ame ;
la furprife , l'efperance , la
crainte, la joye, faifoient dans
fon cœur des fentimens confus
qu'il avoit peine à diftinguer
lui-même. Quoi! dit-il, quand
fon émotion fut un peu calmée,
je ferois aimé de Belzamine!
Cette belle Princeffe s'interef-
feroit affez à mes jours, pour
craindre que fon amour y fût
fatal? Ah Princeffe! Eft-il un
fort plus beau que celui de
mourir pour vous ? La plus
belle vie vaut-elle une mort fi
forturée? Plus il fe rappelloit

les paroles de Belzamine, plus
il se trouvoit heureux : La connoissance qu'elle avoit des menaces de l'Oracle, & le soin
qu'elle avoit pris de l'en instrui-
re, assuroient Melidor de l'interêt qu'elle y prenoit, & cette
premiere assurance d'être aimé
d'une Princesse qu'il trouvoit
adorable, lui faisoit goûter ce
transport délicieux, que les
amans ne goûtent qu'une fois,
& qui est le plus pur & peut-
être le plus solide de leurs
plaisirs.

Il resta longtems sur cette
terrasse à s'y rappeller les doux
momens qu'il venoit d'y passer : l'amour qui entretenoit sa
rêverie, l'interrompit ; le desir

de

de plaire à sa Princesse, & d'a-
chever sa conquête, le firent
retourner au Palais. Belzamine
s'étoit renfermée dans son cabinet : La honte d'avoir appris
à Melidor qu'elle l'aimoit, lui
causoit une peine extrême; sa
vertu traitoit cet aveu de crime & de foiblesse, l'amour
ne lui en fit qu'une faute légere & facile à réparer : elle
résolut donc de le faire, mais
l'amour se mocqua de sa résolution : Elle sçut à la verité se
contraindre , & cet effort
ne fit qu'augmenter la violence de son penchant; d'ailleurs,
cette raison superieure qui nous
ordonne non-seulement de dis-
simuler, mais encore d'étouffer

E

des fentimens dangereux à fuivre, n'avoit guére de part à
la fierté dont fe paroit la Princeffe, c'étoit proprement une
fierté néceffaire pour s'affûrer
de Melidor, en lui faifant ache-
ter plus cher fa conquête.

Elle fe mit à fa toilette, &
donna à fa parure tout le foin
& la complaifance d'une jeune
perfonne qui veut plaire ; en
effet, elle fe paroit pour Melidor, quoiqu'elle voulût fe cacher à elle-même ce deffein ;
jamais auffi elle ne fut plus contente de fes foins : l'amour fembloit arranger fes cheveux,
tant ils avoient de facilité à
fe placer avec grace ; enfin la
Reine fa mere la trouva plus

belle de moitié, & les Autruches lui firent des complimens
d’admiration & de furprife.
Belzamine en reſſentoit une
joye fecrette qu’elle diffimul-
loit avec peine ; les éloges de
la Reine & des Autruches , lui
répondoient de l’impreſſion
que feroit fa beauté fur les yeux
de fon cher Melidor , & cette
agréable penſée triomphoit
des réflexions importunes de
la raiſon, des fcrupules tyrani-
ques de fon devoir , & de tous
les reproches fecrets que lui
faiſoit inutĩlement fa gloire &
celle de fon féxe.

Melidor entra dans l’appartement de Belzamine , lorſqu’elle mettoit la dernieremain

à sa parure. Il demeura interdit
en l'appercevant, & resta immobile à la porte, plus surpris
que s'il la voyoit pour la premiere fois. Je laisse à penser si
la Princesse fut bien fâchée de
voir ses charmes agir si puis-
samment. Approchez, Sei-
gneur, dit aussi-tôt la Reine,
à Melidor, & venez voir si
ma fille est mise dans un goût
convenable à la Fête d'aujour-
d'hui? Elle a imaginé de prendre un habit de Nymphe, &
je trouve qu'il lui sied à ravir.

Madame, reprit Melidor,
la Princesse est toujours si belle,
que l'art ne peut rien lui donner; il est vrai que sa beauté
semble se prêter à ses ajuste-

mens, puisqu’elle ne peut point
changer d’habit qu’elle ne
prenne des graces nouvelles.

Effectivement, un habit de
gaze bleu & or, garni de ré-
zeaux brodés de diamans, lui
prenoit legerement la taille,
& en laiſſoit voir toute la
fineſſe. Ses beaux cheveux
blonds cendrés, étoient naturellement bouclés, & négligemment attachés par des plumes bleuës, qui donnoient à
ſon viſage un éclat difficile à
ſoûtenir: Le carquant, les bra-
celets & la ceinture, étoient
d’or ouvragé, & garni de turquoiſes & de diamans. Ces
trois pieces étoient une galanterie de Melidor, qui les avoit

mises sur la toilette de Belzamine.

Après un moment de silence
causé par l'admiration, Melidor présenta la main à la Princesse pour passer dans une ga-
lerie du Palais où l'on avoit
dressé un Théâtre pour la re-
presentation d'un Ballet. Mais
Prince, lui dit-elle, en lui don-
nant la main, je pense que je
ne devrois pas tant prendre de
plaisir aux divertissemens qu'on
m'offre, puisque le Roi des
Autruches n'en est pas. Est-ce
pour me faire sentir plus vivement mon malheur, reprit le
Prince, que vous me faites part
de cette réflexion? Ah! Madame! mon oncle est trop heu-

reux, il a votre foi & votre tendreſſe, donnez-moi au moins votre pitié.

Belzamine baiſſa les yeux en rencontrant ceux du Prince, & lui dit d'un ton foible: je voudrois bien être ſûre de ne ſentir pour vous que de la pitié, hélas ! Prince, je ne ſerois pas ſi malheureuſe ! Pourquoi m'avez-vous appris à connoître d'autres ſentimens ? Elle prit en même-tems ſa place, & le ſpectacle commença. Comme tout parle aux amans de leurs amours, Melidor & Belzamine trouverent beaucoup de reſſemblance entre le ſujet du Ballet & leur ſituation ; ils s'y reconnoiſſoient par tout, & ſe le difoient des yeux: Leurs cœurs, & fur tout celui de Belzamine, firent plus de chemin cette foirée-là, qu'ils ne fe l'imaginoient l'un & l'autre.

Un grand Bal fuivit le Ballet, Belzamine & le Prince y enleverent tous les fuffrages, & perfonne ne s'avifa de les leur difputer, car jamais on n'a danfé avec tant de grace & de légereté qu'ils en montrerent. Au milieu de la nuit, lorfqu'on fe difpofoit à fe retirer, & tandis que Melidor ennyvré d'amour & de joye, étoit aux pieds de fa Princeffe, tout à coup un nuage couleur de feu & or, remplit toute la falle, & s'ouvrant auffi-tôt, laiffa voir fur

une

une grande coquille de nacre
une perſonne d'une beauté ra-
viſſante, entourée de vingt
Dames, qui, ailleurs qu'à ſes
côtés, auroient parû belles.

La Reine des Fleurs crut
que ce ſpectacle étoit encore
une galanterie de Melidor,
mais la jeune Princeſſe ne s'y
trompa pas : elle ſe trouva
ſaiſie d'effroi à la vûë de cette
redoutable beauté, & ne douta
point que ce ne fût Renoncule;
& en effet, c'étoit elle-même.
Melidor de ſon côté pâlit, &
s'avança cependant d'un air
déconcerté vers le Char, pour
donner la main à la Fée, malgré un mouvement involon-

-taire que fit Belzamine pour
le retenir.

Renoncule falua la Reine
avec une fierté qui acheva de
troubler le Prince, & s'adreſſant à lui : Pourquoi, lui dit-
elle, me laiſſiez-vous ignorer que ces illuſtres Perſonnes
ſont ici ? Ne ſçavez-vous pas
que c'eſt nous honorer mes
ſœurs & moi, que de nous
donner l'occaſion de les ſervir ?
Apportez dit-elle, en même-
tems à ſes compagnes, apportez les préſens deſtinés à la
Reine des Autruches : On vit
auſſi-tôt paroître une grande
corbeille de perles , paſſées
dans des filagrammes d'or , qui

formoient des deffeins miracu-
leux ; on en tira d'abord une
Echarpe jaune & argent, une
Navette d'or, & un Bouquet
de diamans. Cette Echarpe,
dit la Fée à Belzamine, vous
rendra invifible quand vous
voudrez ; la Navette vous fau-
vera d'un grand danger, & le
Bouquet peut accomplir un
fouhait. La Princeffe n'étoit
point curieufe de ces préfens ;
elle trouvoit humiliant de les
recevoir de la main d'une telle
rivale ; tandis qu'elle les con-
fideroit avec un dépit peint
dans fes yeux, il fortit du fond
de la corbeille un grand éclat
de rire, qui étonna toute
l'affemblée. Les rubans & les

bijoux qui y étoient restés, furent jettés à terre par une violente secousse, qui laissa voir sur un petit matelas de satin blanc, Tecserion, plus monstre & plus affreux que jamais. Qu'elle apparition pour la Princesse !

On ne m'attendoit point ici, sans doute, dit aussi-tôt le mons-tre ressuscité. Ha, ha ! Princesse Belzamine, voilà donc comme vous passez le tems tandis que je dors ? A ce que je vois, vous vous inquietez peu de ma santé ; mais voyons si vous voulez m'épouser tout à l'heu-re, car je crains bien de n'en avoir plus demain la même envie. Cet étrange compliment acheva d'accabler la Princeſſe ; ſes beaux yeux ſe couvrirent de larmes, & ſa douleur lui permit à peine de répondre : Seigneur, lui dit-elle, je ſuis prête d'obéïr à la Reine, ſi elle m'ordonne de vous épouſer ; mais j'eſpere qu'elle voudra bien me donner quelque tems pour m'y réſou-dre.

Franchement, Seigneur, dit alors la Reine, attendrie par les larmes de ſa fille, votre début me ſemble un peu ſin-gulier .... Franchement, Ma-dame, reprit Tecſerion, il faut ſuivre mes volontés, & vous ne me paroiſſez guéres diſpoſées à le faire. Qu'on enferme sur l'heure cette belle Demoiselle dans la cage de mon Perroquet, & nous verrons ce qu'il lui plaira de décider; & vous Prince Melidor, c'est donc ainsi que vous servez votre oncle? Un jour de plus endormi, vous me faisiez de belles affaires! Allons qu'on apporte ma cage, & qu'on ne résiste plus: Alors une Autruche apporta une cage magnifique, d'où l'on tira le Perroquet du Roi, & Belzamine malgré sa résistance, y fut renfermée.

La Reine parla avec assez de hauteur sur cette façon d'agir, mais elle ne fut point écoutée, & Melidor qui crai-

gnoit d'irriter encore son oncle, ne dit mot; il conseilla
à cette Princesse de retourner
dans ses Etats, en lui promettant d'employer tout son Art
& tout son crédit pour faire
rendre la liberté à la malheureuse Belzamine. La Reine partit sur le champ, en avertissant
Tecserion que cette violence
rompoit tout engagement entre-eux, & qu'elle ne consen-
tiroit jamais à ce mariage.

Tecserion sans répondre à
la Reine, commanda que la
cage où étoit la Princesse fût
suspenduë dans une Tour du
Palais; ce qui fut executé sur
l'heure. La Cage étoit fort
grande, puisqu'il y avoit un

petit lit d'ange, de taffetas
bleu, un siége, une table, &
un cabinet de toilette. Tout
cela cependant ne faifoit
qu'une petite prifon affreufe,
où Belzamine outrée de fe voir
traiter fi indignement, exprima
tout fon défefpoir par un filence obftiné : fes yeux tournés
fur Melidor & fur Renoncule
qui étoit prefente, furent les
feuls interpretes des divers fentimens qui l'agitoient, & elle
fe laiffa emporter fans daigner
fe plaindre, dans la tour, où les
Autruches eurent ordre de la
garder jour & nuit.

Melidor d'autant plus affligé
qu'il falloit diffimuler fa douleur, conduifit fon oncle & la

Fée dans leurs appartemens, & se retira dans le sien. Quelle nuit il passa ! Il faudroit s'être trouvé dans sa situation pour la pouvoir dépeindre, l'amour, le désespoir, la fureur, l'indignation ; mille passions differentes l'agitoient également ; Renoncule l'occupoit autant que Belzamine ; il ne pouvoit lui pardonner le tour cruel qu'elle venoit de lui joüer : il ne comprenoit rien dans tout ce qui s'étoit passé ; enfin, tourmenté par toutes ses réflexions, il se leva de grand matin & passant dans un cabinet tourné du côté de la tour où étoit enfermée l'infortunée Belzamine, Il s'appuya sur la fenêtre, &

se mit à rêver profondément.
Une heure s'étoit à peine écoulée dans cette triste occupa-
tion, que les portes du cabinet
s'ouvrirent, & qu'il vit paroître Renoncule: Elle s'étoit ha-
billée magnifiquement, & plus
galamment encore; son habit
n'étoit qu'un tissu de perles
brodé de renoncules de rubis.
Pour laisser plus de liberté à
sa taille, il la prenoit légerement, & une agraphe de diamans attachoit négligemment
sur un genoüil ses robes flotan-
tes, de sorte qu'elle laissoit
voir une jambe couverte d'un
brodequin semblable à l'habit;
ses bras étoient nuds, & sa gor-
ge n'étoit couverte que par

des cheveux d'un noir de geay
parfait, & naturellement bouclés : des perles & des rubis
placés avec art fur fa tête, faifoient toute fa coëffure. Sûre
de fes charmes, elle entra d'un
air conquerant, & fans attendre qu'il lui parlât : Je
viens, dit-elle, me juftifier auprès de vous, & vous
dire adieu en même-tems, car
je veux vous épargner la con-
fufion de voir quelqu'un que
vous acculez toujours fi lége-
ment, & qui a tant de raifons
de fe plaindre de vous. Non,
non, continua t-elle, voyant
qu'il vouloit parler, ce que
vous avez à me dire n'eft rien
au prix de ce que je veux vous

apprendre ; fçachez Melidor, que malgré vos injuſtices, je n'ai pas ceſſé un moment de vous aimer ; je fçai que j'ai eu tort dans la forme, mais ma tendreſſe me juſtifie dans le fond, car tout ce que vous avez entendu n'étoit que pour vous éprouver : mais, paſſons cette avanture, auſſi bien je rougis d'en faire excuſe au plus ingrat de tous les hommes. Apprenez donc que cet amour a cauſé ma jalouſie, & que j'ai reveillé Tecſerion pour ſervir ma vengeance ; puniſſez-moi de ce crime, voilà le ſeul que vous puiſſiez me reprocher, ou plûtôt continuez d'offenſer ma tendreſſe par celle qui vous touche aujourd’hui, c’eſt un châtiment que je mé- rite, & dont je ne puis me plaindre ; cependant, mon cœur qui eſt toujours à vous, malgré votre cruauté, ne ſe vengera jamais qu’en vous ai- mant davantage. Adieu, vous ne me verrez jamais, je pars pour ne plus vous importuner par ma tendreſſe, que je ne puis vaincre.

A ces mots, accompagnés d’un regard, dont Mélidor re- connut encore le pouvoir, elle voulut ſe retirer.

Arrêtez, cruelle, s’écria le Prince, en la retenant par ſa robbe, venez encore une fois joüir des maux que vous me faites; ce n'est point que je vous aime encore : après votre infidelité, il ne doit rester dans mon ame que de l'indignation . . . . Pourfuivez, reprit la Fée, vantez-moi votre tendreffe pour Belzamine, il ne vous reste plus qu'à me l'avoüer. O ciel! s'écria-t-elle, avec une apparence de douleur, c'est donc pour me voir facrifier à une nouvelle paffion que l'ingrat veut me retenir? Avez-vous donc affez puni ma fierté? Faut-il me rendre témoin de votre indifférence? Hélas! n'ai-je pas déja affez fouffert, en apprenant que votre cœur étoit à une autre?

Alors, feignant de fentir une

vive douleur, elle se laissa tomber sur un fauteüil, & se couvrit le visage d'un mouchoir, comme pour cacher ses larmes.

Melidor combattu par un objet qui lui renouvelloit une passion dont il avoit senti tout le charme, & par son nouvel amour pour Belzamine, demeura immobile à ce spectacle. L'artifice dont il connoissoit Renoncule capable, la franchise & la douceur de la jeune Belzamine, sa beauté naïve, la tendresse qu'elle lui avoit marquée, presque malgré elle, ce qu'elle souffroit à cause de lui, dans les fers de Tecserion, tout cela lui parloit en faveur

de cette jeune Princesse, & la
Fée coquette le sentoit bien,
c'est pourquoi, afin de triom-
pher plus sûrement du Prince,
elle feignit de se trouver mal
dans son fauteüil; elle parut
faire un effort pour se lever,
& s'alla jetter sur un lit de
repos qui remplissoit le fond
du cabinet; comme Melidor
s'empressoit de la secourir :
Laissez-moi mourir, lui dit-
elle, je suis aujourd'hui dans
le jour de l'année où je peux
perdre la vie; la mort la plus
cruelle est préferable aux maux
que je souffre ; vous seriez
moins barbare de me percer
le cœur que de me dire que
vous ne m'aimez plus : malgré

la

la certitude que j'en avois, je me plaisois encore à en douter, parce que vous ne me l'aviez point dit, mais à prefent.... Oüi, percez-moi le cœur, frappez, le voilà qui vole au devant de vos coups; en difant cela, cette artificieufe Fée, découvrit un fein qui auroit pû défarmer le plus féroce de tous les hommes. Melidor en effet, vaincu par cette vûë féduifante, fa colere & fon courage l'abandonnérent, & Renoncule lui parut plus aimable que coupable. Non Madame, s'écria-t-il, en fe jettant à fes genoux, je ne veux point votre mort; n'eft-ce pas vous plûtôt qui vouliez que je perdisse la vie, quand j'entendis cette fatale conversation.

Ah! laissons cette avanture, reprit la Fée, je la déteste puisqu'elle m'a ôté votre tendresse, lorsqu'elle n'étoit concertée que pour me la conserver. Eh! Pourquoi tant d'art, dit tendrement Melidor, puisque j'aimois avec tant de franchise? Falloit-il une épreuve si cruelle pour vous en persuader? Peut être, reprit vivement Renoncule, & puisque vous voulez qu'on vous en parle, j'ai éprouvé qu'elle étoit nécessaire, puisqu'elle m'a convaincuë que vous ne m'aimiez pas assez pour essayer de me trouver innocente; vous partîtes bruſquement ſans avoir ſeulement douté, & que ſçai-je ſi déja un nouvel amour..... Enfin, il eſt certain aujourd'hui, que vous aimez Belzamine, vous ne pouvez pas le déſavoüer. Qu'elle honte pour moi! Mais que dis-je, la honte n'eſt que pour vous; vous me trahiſſez, & vous trahiſſez en même-tems un Roi qui vous a confié ſa tendreſſe: N'êtes vous pas effrayé, Melidor, de la noirceur de ces forfaits? Sans vous, ſans votre paſſion, cette Belzamine que vous plaignez, ſeroit-elle ſi malheureuſe? Elle n'eût connu que ſon devoir, elle ſeroit tranquille, & vous

H ij

l'expofez en l'aimant, aux plus terribles malheurs. Sauvez-la, il eft encore tems : Faut-il que ce foit moi qui vous en preffe? Le Roi votre oncle tout irrité qu'il eft contre elle, & contre vous, peut par votre repentir, fufpendre & même oublier le couroux qui l'anime; dites un mot, parlez, je me charge du refte. Hé bien, dit le Prince, que faut-il donc faire pour la fauver? Y renoncer, reprit la Fée, & ce n'eft point moi qui vous le demande: Non, Melidor, il y va de votre gloire, & j'oublie en ce moment tout autre interêt: Car enfin, quel fond pourois-je faire dans la fuite fur votre fidelité? Il faudroit être bien foible pour ajoûter foi à vos fermens.

Renoncer à la voir, à l'aimer! s'écria le Prince, en fe relevant précipitamment des genoux de la Fée. Ah! cruelle, impofez-moi une autre loi, fi vous voulez que je la fuive.

Hé bien, dit la Fée, continuez de l'aimer, puifque rien ne peut vous en détacher, & que vous ne fentez point l'offenfe que vous faites à fa gloire & à la vôtre.

Qui vous dit, Madame, reprit Mélidor, que je bleffe la goire de la Princeffe en l'aimant; ne puis-je donc efperer de recevoir fa main? Et cet amour auffi pur que le feu de

ſes beaux yeux qui l'ont allu-
mé, peut-il jamais.... Cet
amour que vous croyez ſi
délicat & ſi pur, devroit vous
faire trembler , puiſque c'eſt
par la trahiſon la plus noire
que vous enlevez Belzamine au
Roi votre oncle : N'eſt-elle
pas à lui ? & ne s'eſt-il point
fié à vous? Mais il eſt inutile
de vous parler davantage , vous
êtes trop épris de cette beauté
qui vous charme ; allez Prince,
allez, ſi vous pouvez lui vanter cette conſtance , qui va
faire ſon malheur. Je rougis
d'avoir pû vous aimer, juſqu'à
faire une démarche ſi indigne
de moi, mais je vous répete
encore, qu'en la faiſant , j'ai

moins éccouté les interêts de mon amour que ceux de votre bonheur. A ces mots elle se leva & frappant le parquet de sa baguette, elle fit paroître un Griffon aîlé couleur de feu & blanc, sur lequel elle monta, il s'envola avec elle par la fenêtre, malgré les efforts du Prince, pour l'arrêter.

Dans quel état se trouva t-il, après cette conversation! Si Belzamine lui paroissoit toujours à plaindre, Renoncule justifiée lui sembloit plus aimable que jamais; il se trouvoit l'auteur du malheur de la Princesse, & coupable envers son oncle de la trahison que la Fée avoit si bien exagerée : lorfqu'il croïoit par délicateffe, devoir oublier Belzamine, fon cœur par foibleffe fe rendoit à Renoncule, ou plûtôt il les aimoit toutes deux fans s'en appercevoir.

Tandis que ce Prince malheureux éprouvoit ce que l'incertitude & l'amour ont de plus cruel, Tecferion lui fit dire qu'il retournoit pour quelques jours dans fes Etats pour juger un different furvenu entre les Autruches & les Perroquets, & qu'il lui laiffoit fa prifonniere à garder. Cette nouvelle effraya Melidor, car il craignoit autant alors de revoir Belzamine, qu'il l'avoit fouhaité deux heures avant; d'ailleurs d'ailleurs, la commission que lui donnoit le Roi, étoit fort délicate; ainsi il resta toute la journée dans son cabinet, sans sçavoir à quoi se résoudre: enfin, par abstraction, ou par la nécessité de se déterminer, il porta ses pas vers la tour. La porte étoit fermée, mais les Autruches qui avoient ordre de le laisser entrer, lui ouvrirent aussi-tôt. En s'avançant vers la cage, il vit à travers des barreaux, Belzamine négligemment couchée, qui dès qu'elle l'apperçut se leva à moitié, & s'appuyant sur un coude: monstre affreux, s'écria-t-elle, Roi barbare, viens-tu encore m'accabler par des reproches auſſi cruels qu'ils ſont vains? Eh de quoi te ſert de m'affliger encore par ta préſence ? Fuis de devant mes yeux, jamais je ne t'aimerai, & s'il faut pour accroître ta rage, avoüer que je ſuis ſenſible à l'amour de Melidor, j'oſe te le dire, & je ne te parlerai plus, que pour t'en aſſurer.

Le Prince fut dans le dernier étonnement de ſe voir aimé & haï tout enſemble. Quoi! dit-il, ma belle Princeſſe, vous me prenez pour Tecſerion, & j'apprens de la façon la plus cruelle, que vous voulez bien être touchée de ma tendreſſe. C'eſt envain, barbare, dit la Princeſſe, que tu veux essayer d'arracher Melidor de mon cœur, lui seul peut y régner, & tes projets de vengeance contre ce Prince malheureux & contre moi, ne pouront nous ébranler ni l'un ni l'autre; je sçaurai s'il le faut, les braver par ma mort, car je la préfere à la liberté que tu m'offres à des conditions si indignes de moi.

Cette tendresse de Belzamine, rendit au Prince tout l'amour qu'il avoit senti pour elle. O ciel! s'écria-t-il, elle ne m'entend pas, Belzamine, belle Princesse, reconnoissez votre amant, voyez Melidor désesperé, transporté d'amour & de fureur, souffrant tous les

tourmens enfemble, & mou-
rant de douleur & de plaifir
en même tems.

La Princeffe ne répondit
point, & faifant feulement un
gefte de mépris & d'indignation, elle fe laiffa retomber
fur fon lit, & tourna la tête
d'un autre côté.

Melidor alors perdant pa-
tience, & hors de lui-même,
s'adreffa aux Autruches: qu'eft-
il donc arrivé, leur dit-il, entre Tecferion & la Princeffe?
Grand Dieux! je n'en puis plus
douter: pourquoi ne l'ai-je pas
fçû plûtôt, fon fang auroit
lavé cette injure; trop malheureufe Princeffe! c'eft donc moi
qui caufe votre malheur? Sei-

gneur, reprit une Autruche, qui avoit été de la Cour de Belzamine, n'accusez point le Roi d'une telle vengeance, un pouvoir plus fort agit sur la Princesse; cette Echarpe que vous lui voyez est enchantée; & c'est elle, qui malgré Tecserion & malgré les efforts que nous avons fait pour la lui ôter, est cause du changement qui vous étonne. La Princesse, dans la confiance que cette Echarpe la rendroit invisible, l'avoit mise ce matin pour se dérober aux yeux du Roi, mais c'est son esprit qui a disparu au lieu de sa figure, car elle a pris le Roi pour vous, & lui a dit les choses les plus tendres; mais

il a pris les douceurs pour autant d'ironies piquantes, & il
est parti sur le champ dans le
dessein cependant d'épouser
Belzamine à son retour, de
quelque façon que ce soit; nous
craignons bien que les autres
présens ne soient aussi dangé-
reux, & nous ne pouvons les
lui arracher sans la blesser; le
Bouquet de diamans s'est attaché à ses cheveux, & la Navette d'or à sa main, si fortement, que l'adresse & la force
ont été jusqu'ici inutiles pour
les lui ôter. Je reconnois la
main d'où part cette vengeance : mais, ma chere Autruche,
continua Melidor, la Princesse
n'a-t'elle point de bons inter-

vales ? Nous ne l'avons point encore remarqué, Seigneur, reprit l'Autruche; depuis qu'elle s'eſt miſe cette fatale Echarpe, nous l'avons toujours vûë de même ; ſi nous remarquons quelque changement, vous en ferez averti.

Et moi en attendant, dit le Prince, je vais lui chercher du ſecours, & me venger à mon tour de la méchante Renoncule. A ces mots, il ſortit de la Tour, & montant ſur un Aigle bleu, dont il ſe ſervoit dans les grandes occaſions, il ſe rendit chez la Fée des Myrthes en deux minutes. Il trouva chez elle la Reine des Fleurs, accablée de douleur,

& toute occupée des mesures qu'elle avoit à prendre, pour ravoir sa fille, & se venger du Roi des Autruches.

Il les aborda brusquement, sans s'arrêter au cérémonial que la douleur & le danger ont droit de supprimer : le plus étrange de tous les malheurs, leur dit-il d'un air troublé, est arrivé à la Princesse Belzamine . . . . . Je le sçai, interrompit gravement la Fée, & j'en entretenois la Reine lorsque vous êtes entré, mais elle en a de plus grands à craindre, si elle se sert des autres presens ; vous ne sçavez que trop, que c'est votre tendresse qui lui attire tous ces maux,

& que les préfens de Renoncule n'auront de pouvoir qu'autant que vous fentirez d'amour
pour la Princeffe ; plus vous
l'aimerez plus elle fera malheureufe, car telle eft la force
du charme qu'on lui a donné.

Quoi, Madame, s'écria le
Prince, pénétré de la plus vive douleur, je fuis la caufe
de cette affreufe avanture, &
je ne puis fauver la Princeffe
qu'en abjurant un amour qui
m'eft plus cher que la vie ?
& quand je le voudrois, hélas! le pourrois-je ?

Seigneur, reprit la Fée, on
peut ce qu'on veut; la puiffance de l'amour ne vient que
de votre foibleffe : effayez de

vaincre, & vous ferez victo-
rieux.

Ah ! lâche Renoncule,
s'écria Melidor, il faut donc
eſſayer de ne plus aimer une
Princeſſe adorable ? mais ce
ne fera qu'en quittant la vie,
plûtôt que de vous rendre une
tendreſſe que vous ne méritez
pas.

Renoncule n'eſt pas ſi coupable que vous vous l'imagi-
nez, reprit la Fée : il eſt vrai
qu'elle a éveillé Tecſerion,
& lui a appris votre amour
pour la Princeſſe, mais c'eſt
le Roi lui-même qui a enchanté
les trois préſens, & Renoncule
n'y a contribué que par le plaiſir malin de les apporter.

N'eſt-ce donc rien, Madame, reprit le Prince? & puis - je lui pardonner cette noirceur? mais je dois penſer à preſent à toute autre choſe qu'à me venger d'elle. Mon oncle va profiter de l'erreur de Belzamine & l'épouſer ſous mon nom ; cette penſée me fait frémir ; ſouffrirai-je que le Roi des Autruches abuſe par d'indignes artifices d'une tendreſſe qui n'eſt donnée qu'à moi ? d'ailleurs, comme Tecſerion a fait le charme, il peut le détruire. Quels regrets! quelle douleur n'auroit pas ma belle Princeſſe, quand elle verroit...

Ne craignez pas cela, Seigneur, dit la Fée ; Tecſerion

il est vrai, a fait le charme, mais dès que Renoncule l'a donné, il n'est plus le maître de le faire cesser; pour la crainte où vous êtes qu'il n'épouse la Princesse, elle est juste, car il le peut; & s'il l'épouse, comme c'est le projet de Renoncule, vous la perdez pour jamais.

Mais ce qu'il y a de plus terrible encore en ce moment, c'est que la Princesse dans son désespoir, peut se ressouvenir d'invoquer le Bouquet & la Navette; volez à son secours s'il est encore tems : tenez, Prince, voilà une noizette de verre qui peut parer les maux que nous craignons, prenez garde de la caſſer avant d'être dans la Tour, elle fera réüſſir vos projets, au cas qu'ils ne ſoient pas prévenus, car après je ne puis rien. Allez, ne perdez pas un inſtant, mais je vous répete encore, qu'il ſeroit plus ſage & plus ſûre pour Belzamine & pour vous, de renoncer à votre amour.

Hé, Madame ! dit le Prince, ordonnez-moi de mourir, cet ordre me ſera mille fois plus doux.

La Fée des Myrthes ſoupira, & les larmes aux yeux elle embraſſa Melidor ; tout notre pouvoir, dit-elle, eſt bien foible contre la puiſſance de l'amour : faut - il qu'une passion si belle, soit sujette à tant de malheurs! Allez, Prince, je crains bien que vous n'arriviez trop tard. Melidor remonta aussi-tôt sur son Aigle pour s'en retourner, plus vîte encore qu'il n'étoit venu.

Renoncule pendant ce tems-là, n'étoit pas oisive : elle avoit d'abord triomphé d'avoir ébranlé Melidor, mais dès qu'elle eut appris qu'il avoit vû la Princesse, & qu'il avoit repris plus d'amour pour elle qu'il n'en avoit jamais eû; elle avoit été trouver Tecserion, & l'avoit engagé de revenir auprès de Belzamine, & de lui conseiller de se servir du Bouquet & de la Navette.

Tecserion par la vertu du charme, paſſant pour Melidor, n'avoit qu'à parler pour perſuader. La Princeſſe en touchant le Bouquet, ſouhaita d'être délivrée de ſa priſon, & la Cage & la Tour diſparurent à l'inſtant; elle toucha encore la Navette, & demanda que ſes ennemis ne puſſent plus avoir de pouvoir ſur elle; auſſi-tôt elle diſparut, & fut tranſportée à cent lieuës de là. Quelle fut la ſurpriſe de Renoncule & de Tecſerion! Ils n'attendoient point ni l'un ni l'autre, un effet ſemblable de la Navette, à laquelle ils croyoient avoir attaché un autre charme. Trompés, l'un par son amour, l'autre par sa jalousie, Melidor arriva au moment que la Princesse venoit de disparoître; il la demanda à son oncle, & à la Fée, qu'il trouva également consternés; il s'abandonna à toute sa fureur, & il exhaloit sa colere par les reproches les plus sanglans; mais Renoncule les arrêta bien-tôt, elle frappa Melidor de sa baguette, & sur le champ il fut changé en Dragon, avec des aisles & des yeux de rubis: il étoit cependant animé & même raisonnable: ainsi de peur qu'il ne s'envolât, Renoncule l'attacha avec des chaînes de diamans; au pied des murs du Palais,

lais, & Tecserion se chargea de le tourmenter jusqu'à ce qu'il eût renoncé à Belzamine : & pour commencer sa vengeance, il lui déclara qu'il seroit Dragon jusqu'à ce qu'il eût versé lui-même le sang de Belzamine. Le Dragon à cet effroyable prédiction fit des hurlemens dont les échos retentirent à plus de cent lieuës à la ronde. La cruelle Renoncule voyoit sans émotion couler les larmes ameres d'un Prince qu'elle avoit aimé. Quand le Roi des Autruches eut été assez longtems spectateur de la douleur qu'il donnoit au malheureux Prince, il se retira avec Renoncule, qui s'applaudiſſoit de tous les maux dont elle étoit cauſe.

Que devint l'infortuné Me-lidor? Il auroit dû mourir de douleur; les tourmens qu'on lui faiſoit ſouffrir, ſa figure effroyable, l'uſage de la pa-role dont il étoit privé, tout cela l'affligeoit moins que d'avoir perdu Belzamine. Que ne m'ôtiez-vous la raiſon! barbares, s'écria-t-il dans ſon cœur, car il ne pouvoit s'ex-primer que par des ſiflemens aigus qui l'effrayoient lui-mê-me; mais je vais bien-tôt la perdre avec la vie, car on ne peut ſoûtenir la douleur que je ſens. Adorable Belzamine, vous ſouffrez peut-être autant

que moi : que sçai-je si vous
ne m'accusez pas de vos malheurs ; hélas ! ce seroit le comble du mien , puisque je ne
puis vous secourir. Ces réflexions le jetterent dans un désespoir si excessif, qu'il vomit
des flâmes qui ravagerent toute
la campagne à une distance
considerable, & firent prendre
la fuite aux habitans épouvan-
tés.

Tecserion retourna au
Royaume des Autruches, où
Renoncule chercha à lui plaire, & par goût de coquetterie
& par interêt : Son dessein
étoit d'engager le Roi des Autruches à poursuivre sa vengeance, & faire souffrir Me-

lidor des maux, qui le contraignissent enfin d'abandonner Belzamine ; en effet, le Roi devenu susceptible des plus violentes passions, ayant perdu tout espoir de posseder Belzamine, qui lui étoit échapée, & sur laquelle il n'avoit plus de pouvoir par sa faute, ne résista point aux artifices de Renoncule : il en devint forcené, & partagea dès-lors son cœur, entre cet amour & la haine la plus cruelle, & ces deux passions se fortifioient l'une par l'autre.

.Cependant Renoncule avoit un dépit secret de voir Melidor constant ; tous les jours elle étoit témoin des tourmens qu'il souffroit, mais elle l'étoit aussi de son courage & de sa fidelité, qu'il conservoit à la Princesse.

Pour Belzamine, au sortir de la cage, elle se trouva dans un désert inhabitable; elle demanda aussi-tôt son cher Prince à cette affreuse solitude. Melidor, s'écria-t-elle, cher Melidor, qu'êtes vous devenu? mais les échos seuls répondirent à sa voix. Quoi! Melidor m'abandonne après m'avoir montré tant d'amour! Se peut-il qu'une passion si tendre, finisse si promptement? Est-ce donc là la récompense de la mienne? Non, Melidor, je vous connois mieux, pardonnez-moi cette injuſtice, ce ſont nos ennemis qui vous retiennent. Eh comment ne ſeroient-ils point jaloux de mon bonheur! Vous m'aimez, & je ne puis aimer que vous.

Si la beauté qu'elle avoit trouvé à ſa rivale, lui donnoit quelques momens d'inquiétude, la tendreſſe de Melidor & les vertus qu'elle croyoit avoir remarquées en lui, la raſſuroient; elle ſe perſuadoit que ſans la cruauté de Tecſerion, & la jalouſie de Renoncule, elle verroit le Prince dans ſon déſert. Elle marcha longtems parmi les ronces & les épines: enfin la nuit étant proche, elle apperçut un vieux arbre, dont

le tronc creux lui préfentoit
une efpece de retraite , mais
commune avec tous les Hiboux
du Pays , qui y faifoient leur
demeure; elle s'y retira , non
fans une grande frayeur , qui
cependant fut bien-tôt diffi-
pée Les Hiboux éveillés par
les ténebres , commencerent
à fecoüer leurs plumes , & à
s'entretenir enfemble avant de
fe féparer. La Princeffe furprife d'entendre parler ces
Oifeaux, prêta l'oreille à leurs
difcours , & entendit qu'un
vieux Hibou difoit à un jeune :
les cris de ce Dragon ne nous
ont point incommodés cette
nuit , (c'eft-à-dire, le jour
parmi nous,) il faut qu'il foit
bien éloigné de nous ; pas tant

que vous le penſez, Seigneur Hibou, répondit le jeune, mais ce qui vous ſurprendra, c'eſt que ce monſtre n'eſt point méchant, car je lui ai porté des ceriſes de la part de la Fée des Myrthes, & bien loin de me vouloir dévorer, comme j'en avois peur, il m'a careſſé doucement, & m'a fait un ſigne de remerciment.

Comment, dit le vieux Hibou, c'eſt donc un Dragon de la ménagerie de la Fée? J'ignore cela, reprit l'autre, mais au moins je crois qu'elle le favoriſe, car je vais encore par ſon ordre lui porter à manger. La Princeſſe fort ſurpriſe de cette converſation, ſortit du

creux

creux de son arbre, & s'adressant aux Hiboux: mes chers
amis, leur dit-elle, voudriez-
vous bien m'apprendre comment je pourrois faire pour
voir la Fée des Myrthes? Vous
qui la connoissez, ne pourriez-vous pas me conduire
chez elle, ou au moins, lui dire
que Belzamine désireroit bien
de la voir? Vous n'obligerez
pas une ingrate.

Madame, dit le jeune Hi-
bou, ce que vous nous de-
mandez n'est pas difficile, je
vous servirai avec plaisir; puisque vous connoissez la Fée,
je vais sur le champ chez elle,
il y a un peu loin d'ici, mais
je serai bien-tôt revenu, atten-

L

dez-moi, & ne vous expofez
pas à y aller, car il vous faudroit paffer auprès du Dragon,
qui pourroit bien vous dévorer.

Eh grands Dieux ! où loge-
t'il ce Dragon ? interrompit la
Princeffe effrayée. A cent
lieuës d'ici, Madame, dit le
Hibou , & je fremis encore
quand je penfe à fon effroyable
figure. Il eft vrai que j'en ai
approché fans qu'il m'ait fait
de mal.

Ne viendra-t'il point jufqu'ici, bon Hibou ? reprit la
Princeffe. Je ne le croi pas,
dit-il, car il eft bien enchaîné.
Mais, Madame, n'auriez vous
pas befoin de manger ? nous

pouvons vous offrir quelque
chose. Je l'accepte avec grand
plaisir, dit la Princesse, car
je vous avouë que j'ai bien faim.
Aussi-tôt le Hibou lui apporta
un petit panier plein de figues,
qu'elle mangea de bon apétit.
Le Hibou s'envola après que
la Princesse l'eut remercié, &
elle resta seule dans ce désert,
livrée à toutes ses réflexions.

Ce qui l'étonnoit, c'est
qu'elle n'avoit plus l'Echarpe,
la Navette, ni le Bouquet;
elle concevoit cependant que
ces choses avoient perdu leur
vertu, par les souhaits qu'elle
avoit faits, mais elle ne pouvoit
imaginer pourquoi elle étoit
séparée de Melidor; elle se

reprochoit de ne l'avoir nommé dans son souhait, lorsqu'elle
demanda d'être délivrée de ses
ennemis ; ce n'étoit point la
crainte ni la honte qui l'avoient
empêché de le faire , car elle
ne cachoit plus alors sa passion
pour lui , & elle la croyoit
justifiée par la cruauté de Tecserion.

Pendant que la Princesse
cherchoit dans son esprit les
moyens de se rapprocher de
son amant, ou du moins d'apprendre de ses nouvelles, le
Hibou revint. Grande Princesse , lui dit-il , la Fée des
Myrthes vous exhorte à n'être
point inquiette sur votre sort;
elle doit aller consulter le

deſtin, & tâcher de l'adoucir en votre faveur ; continuez vôtre chemin, mais marchez toujours devant vous ſans vous écarter, ni à droite ni à gauche. Pourvû que vous ne craigniez pas les obſtacles que vos ennemis peuvent faire naître, ils n'ont plus de pouvoir ſur vous : ſi vous arrivez à la Forêt qui parle, ſans vous effrayer, vous les vaincrez, & vous ſerez heureuſe; voilà une grenade qui vous nourrira pendant tout le voyage, je ne puis vous rien dire de plus ; ſi je n'étois pas occupé ailleurs, je vous conduirois, mais avec ces inſtructions vous pouvez vous paſſer de moi.

L iij

Généreux Hibou , dit la Princesse, que pourois-je faire pour vous marquer ma reconnoissance ? Rien , Madame , reprit l'Oiseau, que de suivre mes conseils; je suis assez récompensé par le plaisir de vous obliger.

Il s'envola en même-tems, & la Princesse se mit en chemin, mais le désert étoit si sabloneux, qu'elle ne put marcher qu'avec peine, & sentit bien-tôt une grande soif : un seul grain de sa grenade la rafraichit parfaitement, & lui donna de nouvelles forces. Enfin, après avoir marché plusieurs jours, sa grenade lui fournissant toujours à boire & à manger, elle arriva fur les bords d'un Pré fleuri, dont la vûë la réjoüit; au bout de ce Pré, elle vit une montagne dont le pied formoit une caverne fpacieufe.

Comme la nuit tomboit, elle y entra pour s'y repofer jufqu'au jour, mais c'étoit en tremblant, dans la crainte que ce ne fût la retraite de quelques bêtes fauvages; elle trouva en tâtonnant un petit lit de mouffe, fur lequel elle fe coucha, & ayant foupé avec un grain de grenade, elle s'endormit affez profondément, tant elle étoit fatiguée.

Au point du jour, un fiflement aigu qui fit retentir la caverne, réveilla la Princeffe.

Comme le jour étoit déja assez grand, elle apperçut à dix pas, un Dragon affreux, couché sur la terre. Ah ciel! s'écria-telle, quel horrible monstre! & comment ne m'a-t'il pas encore dévorée? Aussi-tôt le Dragon qui la regardoit fixement, ouvrit ses aisles, comme pour témoigner sa joye, ce que la pauvre Princesse interpreta tout autrement, car elle crut que c'en étoit fait de sa vie. Elle poussa un cri perçant, qui fit reculer le Dragon & le rendit immobile : C'est alors que le malheureux Melidor (car c'étoit lui-même, & la caverne & la montagne étoient aussi le Palais & l'Isle des Tur-

quoifes, ainfi changés par Tecferion.) Melidor, dis-je, fentit
bien vivement la dureté de fon
deftin, il pouffa des fifflemens
fi douloureux, que la Princeffe
crut qu'il alloit mourir. Sans
doute, dit-elle, quelques Fées
protectrices veulent me fecourir, puifque ce monftre expire.
Cependant elle n'ofoit fortir
de fa place, car le Dragon
étoit enchaîné prefque à l'en-
trée; de forte que Belzamine
s'étant enfoncée plus avant
dans la caverne, ne pouvoit
s'en tirer qu'en paffant auprès
du monftre: enfin, il ne remuoit
plus, & fes yeux languiffans
attachés fur la Princeffe, lui
faifoient efperer qu'il alloit

mourir, & la délivrer de ſes frayeurs, lorſqu’elle vit arriver Renoncule ſur un Chameau couleur de feu. Elles ne s’attendoient ni l’une ni l’autre à une ſemblable rencontre, & il ſeroit difficile de dire laquelle fut la plus étonnée.

Eſt-ce encore pour me faire de nouveaux maux, dit Belzamine, à la Fée, que vous venez ici ? Ne ſerai-je donc jamais délivrée de vos perſécutions ?

Eh, grand Dieu ! répondit la Fée, je viens pour vous rendre ſervice ; prendrez - vous auſſi toujours mes ſoins pour des offenſes ? Venez, belle Princeſſe, montez ſur ce Chameau, il va vous conduire à l'Isle des Turquoises, & puisqu'il faut que vous épousiez Melidor, je veux que vous teniez ce bonheur de ma main.

Je le refuserois reprit la Princesse, s'il falloit ne le tenir que de vous, & je préfererois de n'être jamais heureuse. Allez Madame, laissez moi en proye à votre Dragon, il me sera moins affreux d'en être dévorée que de vous faire arbitre de mon sort.

Eh bien, si ton sort, dit la Fée, peut encore être plus malheureux, par ce que je vais te dire ; sçache, imprudente Princesse, que Melidor touché par ma tendresse, m'a enfin rendu les armes; je triomphe, & ton défefpoir fait mon bonheur; refte avec ce Dragon, il n'a pas mangé d'aujourd'hui, tu lui ferviras de pâture, & nous ferons enfin délivrés de tes importunités.

Melidor eft infidele! s'écria douloureufement la Princeffe. Eh qu'ai-je donc à préfent à efperer ou à craindre! Auffi-tôt elle fe jetta avec fureur entre les griffes du Dragon, pour y trouver une mort plus douce que la vie qu'elle ne pouvoit plus foûtenir. A l'inf-tant la noifette de verre que Melidor avoit au moment de fon enchantement, tomba par terre & fe caffa, il en fortit un bruit épouvantable semblable à un coup de tonnere. Les chaînes du Dragon se briserent, ses forces lui revinrent, il prit la Princesse & s'envola en présence de Renoncule, qui s'enfuit sur son Chameau toute effrayée de ce prodige.

Cependant Belzamine évanoüie entre les pates du Dragon, n'avoit plus ni sentimens ni connoissance, il s'en apperçut & la mit à terre dans une grande Forêt pour la secourir. La fraîcheur la fit revenir, mais ce ne fut que pour retomber dans un état cent fois pire que celui dont elle sortoit. La connoissance commence-t-elle à lui revenir ? l'infidelité de son amant est la premiere idée qui se présente à son esprit : ouvre-t-elle les yeux ? le premier objet qu'elle apperçoit, c'est encore son misérable Dragon. Acheve donc de m'ôter la vie, dit-elle, je ne te crains plus, monstre affreux, viens terminer des jours trop malheureux, puisque Melidor m'a oubliée. Ah barbare Renoncule ! Est-ce par un rafinement de cruauté, que tu me laisses vivre après cette funeste nouvelle ? Le Dragon souffroit autant que la Princesse ; son état le désesperoit, il ne pouvoit parler, & le moindre de ses gestes faisoit frémir Belzamine, quoiqu'elle demandât

la mort. Quelle trifte fituation!
Cependant au milieu de fes
peines, il goûtoit un plaifir délicieux ; il avoit les preuves les
plus fortes & les plus touchan-
tes de la tendreffe de la belle
Belzamine, & peu d'amans
ont goûté un plaifir fi délicat.

Enfin il prit le parti de s'é-
loigner pour lui ôter fa frayeur,
& lui marquer qu'il craignoit
même de lui en donner. Qu'eût-
il fait de plus pour fe faire
reconnoître pour Melidor ?
Mais cela fuffifoit-il ? Il avança
donc dans la Forêt, & s'y
enfonça même affez avant.

La Princeffe le voyant éloigné, fouhaita feulement qu'il
ne revînt plus, & continua

ses regrets sur l'infidelité de Melidor. Un murmure assez doux, comme d'un Zéphir qui auroit agité les feüilles des Arbres d'alentour, l'interrompit dans ses plaintes.

Ces Arbres après un assez long frémissement, s'entrouvrirent comme le jour baissoit, & du milieu de chacun il sortit des especes de petits hommes, couverts d'une légere écorce verte, avec des chevelures de feüilles : Leurs pieds n'étoient que des racines, mais leurs visages & leurs mains avoient la forme humaine, ainsi il y en avoit de beaux & de laids comme parmi les hommes.

Ils s'assemblerent en grand nombre

nombre à vingt pas de la Princesse, & s'étant assis en rond,
un d'entr'eux qui paroissoit
tenir un rang distingué dans sa
nation des Chênes, parla le
premier en ces termes.

Il est né ce matin un Tilleul dans notre Empire, & c'est
pour vous en avertir que je
vous rassemble ici ce soir: mais
devons-nous le souffrir parmi
nous? Il a été planté de la main
d'un homme, & vous sçavez,
mes chers Citoyens, que cela
est contre nos loix: Il est sûr
encore qu'il est étranger, &
qu'il a passé ici d'un autre Etat,
mais aussi cette même qualité
d'étranger, semble nous défendre d'user de violence

contre un malheureux qui nous demande un asyle ; d'ailleurs, il est beau, & promet un bel ombrage: Nous rendrons-nous à cette apparence qui est souvent trompeuse? Où bien suivrons-nous les loix de l'Empire, qui n'est fondé que sur ces mêmes loix qui défendent si expressément de souffrir parmi nous aucun arbre d'une espece differente de la nôtre? L'affaire est embarrassante, & a besoin de vos lumieres.

Illustre & vénérable Chêne, reprit un de ceux qui composoient le cercle, votre harangue est pleine de sagesse ; c'est à juste droit que vous portez le glorieux titre de Protecteur:

Nous vous devons la confer-
vation de nos libertés ; mais
que deviendront-elles, fi nous
recevons une fois des Etrangers ? Nos Charges , nos Pré-
rogatives pourront paffer aux
arbres les plus vils; nos rejettons
en feront dépouillés , & les
moindres arbriffeaux voudront
s'établir chez nous ; c'en eft
fait de notre Empire s'il eft
ainfi partagé. Faifons donc un
exemple terrible de ce Tilleul
imprudent & téméraire , acca-
blons-le de notre ombre pour
l'empêcher de croître, éten-
dons nos racines pour étouffer
les fiennes , & ne fouffrons
plus . . . . .

Ah que propofez - vous ?

interrompit un jeune Chêne.
Faut il prévenir par des voyes
cruelles & injuftes, des maux
qui peut - être n'arriveront
point? Pourquoi faire mourir
un Arbre innocent, & qui
n'eft venu dans l'Empire des
Chênes que parce qu'un homme l'y a planté? Après tout,
la force de notre Etat peut-elle
être affoiblie par les Etrangers
qui peuvent s'y établir? N'eft-
ce pas une marque de notre
puiffance que de poûvoir leur
donner un azile? Ah! Chêne,
prenez des fentimens plus
doux: Et vous, Chêne Protecteur, qui donnez la fageffe, la
gloire, la beauté, & les autres
dons qui vous font départis;

prenez fous votre protection
ce malheureux Tilleul, il pu-
bliera votre clémence & votre
grandeur ; n'allez pas noircir
la mémoire de votre nom par
une dureté dont vous feriez
puni par vos remords ; je fuis
le Chêne de la Juftice, écou-
tez-la, car c'eft elle feule qui
parle en ce moment par ma
bouche.

Eh bien, dit alors le Chêne
protecteur fuivons donc le parti de la douceur & de la géné-
rofité, & fouffrons parmi nous
cet Etranger ; faffent les Dieux
que nous ne nous puiffions
jamais repentir d'une action
qu'ils doivent approuver !

Mais continuä-t-il, parlons

à présent du Dragon qui est arrivé en ces lieux, c'est mes chers Citoyens, un monstre épouvantable; vous avez dû le voir, ou du moins vous avez entendu ses horribles sifflemens : que vient-il faire en cet Empire ? Vient-il en troubler la paix ? Prétend-il y fixer sa demeure ? Non, Seigneur, répondit un autre Chêne d'importance, il cherche seulement un asyle contre la persécution d'une Fée cruelle, & l'Oracle de ce matin, c'est-à-dire, le Zephir qui a passé sur le Chêne de la Vérité, Nous a enjoint de le servir de notre puissance, parce qu'il est protegé par la Fée des Myrthes : Il a ap-

porté avec lui une fille, appa-
ramment pour lui servir de
nourriture. Quand il l'aura
dévorée, Nous devons lui permettre de chasser dans notre
Forest, afin qu'il y vive jufqu'aux nouveaux ordres de fa
Protectrice.

Alors Belzamine qui avoit
écouté dans un profond filence
les harangues des Chênes, fe
leva avec précipitation, & s'alla
jetter aux pieds du Chêne protecteur. Divinité de cette Forêt, dit-elle, avec une grace
touchante, vous qui difpenfez
les loix dans cet afyle redoutable, daignez ordonner que
ce Dragon me dévore tout à
l'heure; je vous le demande

comme une faveur, parce que dans la situation où je suis, la mort devient pour moi un bien désirable; ne me laissez donc pas languir davantage, hâtez la fin de mes maux. Levez-vous ma fille, dit le Chêne, touché par la beauté & l'affliction de Belzamine, c'est dans ce séjour heureux que les Dieux envoyent leurs favoris, s'ils ont ordonné votre mort, elle vous sera donnée sans nos soins; il est beau de ne la pas craindre, mais aussi vous ne devez pas la souhaiter; car enfin, sans entrer dans des mysteres qui n'interessent que vous, ne pouroit-on pas trouver quelque soulament à vos peines? Hélas! Seigneur,

Seigneur, reprit la jeune Princesse, mes maux sont sans remede, & votre pitié ne peut
que les augmenter. Je ne rougis pas de vous dire que j'ai
aimé le plus aimable de tous
les hommes; mais ma honte est
extrême de vous dire qu'il est
infidéle.

Infidéle! s'écrierent à la fois
tous les Chênes, infidéle! Un
homme aimé si tendrement,
peut-il le devenir? Ces exclamations étonnerent la Princesse, ses beaux yeux tout baignés
de larmes, se relevoient doucement sur chacun de ces
petits hommes, & elle attendoit en silence ce qui alloit
suivre ces murmures.

N

Foibles mortels, s'écria le Chêne protecteur, par quelle vanité croïez-vous être le chef-d'œuvre de la nature? Comment pouvez-vous vous vanter d'être des créatures parfaites, puisque le crime ne vous coûte gueres, & que la vertu même vous rend souvent malheureux? Infortunée Princesse! votre amant n'a point honte de son ingratitude & de sa perfidie, tandis que votre tendresse & votre constance font votre malheur; mais pourquoi vous punir du crime de cet amant? oubliez-le plûtôt, c'est bien mal raisonner que de mourir parce qu'il est coupable.

Eh! sans lui, que ferai-je de

la vie? dit Belzamine. Depuis
son inconstance je me trouve
seule dans l'Univers, & le jour
m'est odieux : encore une fois,
livrez-moi au Dragon, il peut
seul terminer mes peines.

Comme elle achevoit ces
paroles , le Dragon arriva ;
elle sentit à sa vûë que cette
vie dont elle faisoit si peu de
cas , lui étoit encore chere , &
alla se jetter pour la seconde
fois , aux genoux du Chêne
protecteur. Ce n'est pas dit-
elle , pour résister aux décrets
du Ciel, que je cherche un
asyle près de vous; pardonnez
à la foiblesse de mon séxe l'instant d'effroi qui ma saisie , c'est
un dernier effort de la nature;

aidez-moi généreux protecteur, à achever le sacrifice.

Ce discours alarma les Chênes qui étoient présens, & rendit immobile le Dragon qui versa un torrent de larmes; cependant il fit signe d'une de ses pates, que la Princesse approchât de lui, le Chêne protecteur la prit par la main & la lui mena, alors le Dragon parut plus tranquille, ses larmes se sécherent, & ses yeux attachés sur Belzamine exprimoient sa langueur & sa tendresse. Les Chênes surpris se regardoient les uns les autres, le protecteur lui-même admiroit en silence ce prodige; enfin, il prit la parole, & se tournant vers l'assemblée : Dieux immortels! s'écria-t-il, & vous divine Fée qui régnez sur ces Forêts, c'est vous sans doute qui m'éclairez en ce moment : ce Dragon est un homme, ainsi changé par l'ordre du destin; il aimoit la Princesse, & il l'aime encore. Dieux qui me découvrez ce mystere, vous m'inspirez de les unir ensemble, c'est sans doute votre volonté ; venez donc honorer de votre invisible présence cet étrange hyménée ; vous devez le rendre fortuné puisque c'est votre ouvrage : & vous, Princesse, continua-t-il, en s'adressant à Belzamine, ne résistez pas aux ordres des Dieux, ache-

vez de vous les rendre favorables par ce facrifice ; ce Dragon ne doit point vous effrayer,
car il n'a de Dragon que l'apparence, & je vous répons
qu'en l'époufant, vous chan-
gerez fa deftinée & la vôtre,
en un fort heureux.

O ciel! s'écria la Princeffe,
que me propofez - vous? Ah
Chêne augufte! ne vous aveu-
glez pas fur la volonté des
Dieux, c'eft ma mort qu'ils
demandent plûtôt que cet abo-
minable hyménée : leurs infpi-
rations font toûjours obfcures,
ne leur donnez pas une inter-
prétation indigne d'eux, Melidor m'abandonne, mais malgré fon ingratitude je veux lui

demeurer fidéle, ou plûtôt
je ne peux pas l'oublier. Je
craignois la mort il y a un moment, mais à prefent je la préfere non-feulement à époufer
un monftre dont je ne veux
plus entendre parler, mais encore à ce que les Dieux pourroient m'offrir de plus aimable.
Hélas! peut-il y avoir quelque
chofe de plus aimable que
Melidor? O Dieux! rendez-
le moi, c'eft à ces marques que
je reconnoîtrai votre protection.

Le Chêne Protecteur voïant
Belzamine dans cette réfolution, ne voulut pas aigrir fa
douleur : eh bien, ma fille, dit-
il, Nous verrons demain fi les

Dieux veulent mieux s'expliquer, en attendant calmez votre affliction; & vous, en s'adreſſant à quelques jeunes Chênes, menez le Dragon dans la grote ſacrée, qu'il y repoſe juſqu'à demain, & que la Princeſſe ſoit logée dans le Palais de Mouſſe, où la Fée de ces bois tient ſa Cour. Pour nous, rentrons dans nos ſombres demeures, & méritons par nos vœux que les Dieux nous éclairent demain, afin de leur obéïr.

Auſſi-tôt ſix Chênes conduiſirent le Dragon & ſix autres la Princeſſe, où le Chêne protecteur l'avoit ordonné, & il leur donnerent à l'un & à l'autre des fruits ſauvages pour leur nourriture.

Le Tilleul dont il avoit été queſtion dans le conſeil des Chênes, étoit auprès de l'arbre ſous lequel on avoit placé la Princeſſe. Comme dans l'horreur de la nuit elle ne trouvoit de ſoulagement à ſa douleur, que dans les larmes & les ſoupirs, elle s'y abandonna, mais tout d'un coup elle entendit les branches du Tilleul, ſe heurter violemment & produire un bruit ſourd qui la ſurprit, car l'air étoit calme, elle y prêta l'oreille, & ſa ſurpriſe augmenta encore, lorſqu'elle entendit ces mots : Belzamine, approchez - vous de moi, je veux vous parler.

La Princeſſe ſe leva en

tremblant, & s'approcha du jeune Tilleul. Je vous connois jeune Belzamine, lui dit-il, je sçai vos peines, & je vous plains : si vous étiez capable de résolution, je pourrois même vous secourir. Et que pourriez-vous faire ? reprit-elle. Mes maux ne sont-ils pas à leur comble ? Non, dit-il, mais ils peuvent y parvenir si vous n'y prenez garde : vous aimez Melidor, & quels maux vous préparez-vous encore en l'aimant ? Hélas ! dit la Princesse, je ne suis plus maîtresse de mon cœur, Melidor est volage, mais il est toûjours aimable ; enfin je l'aime, parce que je ne puis le haïr.

Essayez sa constance, reprit le Tilleul , & s'il mérite la vôtre , on consentira que vous le rendiez heureux ; mais s'il se rend indigne de votre tendresse, souffrez qu'on dispose de votre main en faveur de celui qui vous adore depuis si longtems.

Que dites vous ? interrompit vivement Belzamine. Vous ne sçavez donc pas que Melidor aime Renoncule ? Je sçais tout, reprit le Tilleul, & votre Melidor n'est point encore infidéle : je peux vous en dire davantage, mais allez trouver le Dragon, commandez-lui de vous mordre le petit doigt , revenez aussi-tôt, & je vous parlerai.

La Princesse accoûtumée aux prodiges, depuis qu'elle étoit dans la Forêt, remercia le Tilleul, & sans balancer, alla chercher le Dragon : d'ailleurs, on l'avoit assûré que son cher Melidor n'étoit point infidéle & cette nouvelle avoit versé dans son ame une joye subite, qui ne lui permettoit pas de raisonner sur l'inconvénient qu'il y avoit d'aller se faire mordre, sans sçavoir ce qui pouvoit en arriver.

Il faisoit la plus belle nuit du monde; la lune éclairoit les routes de la Forêt, & les rayons argentés passant à travers les Chênes touffus, formoient une lumiere plus agréa-

ble que celle du soleil. A la
faveur de cette belle nuit, Belzamine arriva d'un pas léger
vers le Dragon, elle le trouva
couché, & croyant qu'il dor-
moit, elle lui tira une patte
aſſez fortement. Le Dragon ſe
leva auſſi-tôt, & ſe mit à lécher
la belle main qu'elle lui ten-
doit. Mord-moi le doigt, lui
dit-elle, & ne m'importune
pas par tes careſſes. Le Dragon
recula d'abord, & refuſa longtems cet étrange ſervice; enfin,
elle le preſſa tant, qu'il ſerra
doucement entre ſes dents le
doigt de la Princeſſe, elle eut
cependant peur alors, & en
retirant ſa main elle s'écorcha
aſſez pour répandre du ſang,

qui tomba fur le Dragon : au même inftant il difparut aux yeux de Belzamine, qui demeura quelque tems effrayée de ce prodige.

Cependant elle reprit fon chemin , & revint trouver le Tilleul. J'ay fait ce que vous avez voulu, lui dit-elle, mais le Dragon a difparu : qu'avez-vous à m'apprendre ? & que voulez-vous que je faffe ?

Rien, jufques à demain, reprit-il, que de m'écouter : Sçachez donc que ce Dragon étoit Melidor .... Melidor ! s'écria-t-elle : quoi ! vous me féparez de lui, Divinité funefte ? Si vous vouliez me fecourir, pourquoi m'avez-vous laiſſé ignorer ce ſecret ? Quoi! Melidor n'étoit point infidéle ? c'étoit pour moi qu'il ſouffroit; j'ai refuſé de l'épouſer ; il a vû couler mes larmes, il n'a pas ignoré que c'étoit pour lui que je les répandois, mais j'ai pû le méconnoître & le füir ! Ah ! Fée barbare, vous êtes bien vengée de ſes mépris; & vous, cruel Tecſerion, de mon indifference. O ciel ! Melidor, je vous ai perdu, & je vous ai peut-être perdu ſans reſſource.

Le Tilleul laiſſa parler Belzamine ſans l'interrompre, & quand ſon emportement eut fait place à une douleur plus douce, il reprit la parole : Princeſſe, lui dit-il, ne me fçachez pas mauvais gré de ce que j'ai fait, il falloit que cette avanture s'accomplît, & que votre fang mît fin à la métamorphofe de Melidor ; confolez-vous de fon abfence, & penfant qu'il ne vous regrette pas moins, fçachez encore, que fous la figure de Dragon, il confervoit l'ufage de la raifon, que tous les mouvemens de votre cœur lui ont été connus, & qu'il a été également affligé de votre douleur & de l'impuiffance où il étoit de vous marquer fa reconnoiffance & fon amour : Mais, belle Princeffe, Melidor alors étoit malheureux, & il ne voyoit que vous devant fes yeux..

yeux . . . Ne l'offenſez point,
interrompit la Princeſſe, par
des ſoupçons injurieux, je connois ſa tendreſſe, & je ſçai de
quoi il eſt capable.

Mais reprit le Tilleul, con-
noiſſez-vous aſſez les hommes
pourpouvoirrépondredevotre
amant, lorſqu'il n'aura plus rien
à déſirer. Quand il ſeroit vrai
que les hommes ſont aſſez in-
juſtes pour ne plus aimer dès
qu'ils ſont heureux, je croirois
Melidor, dit Belzamine, incapable d'une telle lâcheté; ſa
tendreſſe, ſa vertu, & ma
gloire, veulent que je faſſe une
exception en ſa faveur.

Crédule Princeſſe! reprit le
Tilleul, aimable Belzamine!

trop digne de remplir feule le cœur d'un amant vertueux ! je plains votre deftinée ; livrez-vous à votre erreur, puifqu'elle vous plaît ; fi vous éprouvez les malheurs que je crains pour vous, je vous en ai avertie, & je ne puis rien de plus ; fouvenez-vous encore qu'un cœur tendre & fidéle en rencontre rarement un qui lui reffemble. Demain vous pourrez en fçavoir davantage, car pour aujourd'hui je n'ai plus rien à vous dire. A ces mots le Tilleul foûpira & fe tut.

La princeffe retourna fous le Chêne qu'elle avoit d'abord choifi, & y attendit le jour dans une inquiétude inexprimable. Quoi! se disoit-elle, j'ai refusé d'épouser Melidor! me pardonnera-t-il cette injustice? oüi sans doute, puisqu'il sçait que je ne l'ai point connu, mais seroit-il possible qu'il pût ne pas m'aimer toûjours? Ah! Melidor, vous ne pouvez point devenir volage, & pourquoi le deviendriez-vous, puisque je vous aimerai toujours? cependant le jour la surprit dans ces tristes réflexions, & le Chêne protecteur parut devant elle, accompagné de vingt de ses compagnons.

Princesse, lui dit-il, des ordres souverains vous arrachent de ces lieux, & le Zé-

phir miniſtre des Dieux, va-
vous porter dans l'étoile de
Vénus; c'eſt-là que doit finir
la pénitence qui vous eſt im-
poſée; voilà une de mes feüilles, en s'en arrachant une de
deſſus la tête, qui vous appren-
dra la choſe la plus importante
de votre vie; mais n'en faites
pas l'eſſai légerement: Allez
Princeſſe, puiſſent les immortels accomplir vos vœux, &
vous rendre auſſi heureuſe que
vous le méritez. A ces mots
il ſe retira & laiſſa la Princeſſe
comme immobile, tant étoit
grand ſon étonnement. Elle
doutoit ſi les paroles du Chêne
protecteur étoient un ſonge;
elle ſe laiſſa retomber au pied

de l'arbre fous lequel elle avoit
paſſé la nuit, & ſe replongea
dans de nouvelles rêveries ;
alors, foit fatigue, foit l'effet
d'une puiſſance à laquelle elle
ne pouvoit réſifter, elle s'endormit profondément.

Quelque-tems après , elle
s'éveilla aux chants de mille
oifeaux , elle ouvrit les yeux ,
& ſe trouva couchée dans un
bofquet charmant, fur un lit
de gazon, femé de fleurs qu'elle
ne connoiſſoit pas plus que le
lieu où elle étoit; cependant
elle ſe ſouvint de ce que lui
avoit dit le Chêne protecteur,
& comprit qu'elle étoit dans la
planette de Vénus, mais elle
ne ſçavoit point ni comment

ni en combien de tems elle y étoit venuë. Elle fortit du bofquet, & jetta des regards d'admiration fur tous les objets que lui offroit ce nouveau monde. La premiere chofe qui la frappa, fut une forêt de Myrthes, dont les routes fpacieufes formoient autant de promenades magnifiques , où des arbres touffus entretenoient toujours par leur ombrage une fraîcheur délicieufe. Ces Myrthes étoient un peu éloignés les uns des autres ; mais des paliffades de rofes & de jaffemin, rempliffoient l'intervalle qu'il laiffoient entre-eux, & par tout on voyoit des baffins d'une eau claire, qui jailliffoit plus haut que les myrthes, & qui retomboit avec un murmure propre à exciter la rêverie.

En effet, Belzamine enchantée de tout ce qu'elle voyoit, enyvrée du parfum de mille fleurs choisies, & attendrie par le chant amoureux des oiseaux qui se caressoient sur les branches, sentit qu'elle étoit dans l'empire de l'amour : Ah ! mon cher Melidor, s'écria-t-elle, que n'êtes vous ici ! Fussiez-vous devenu insensible , vous m'aimeriez dans ce charmant séjour.

Cependant elle avançoit dans la Forêt sans tenir aucun chemin, & elle étoit presque arrivée au milieu, lorsqu'elle apperçut fur les bords d'une vafte fontaine qui tomboit en cafcade dans un grand baffin de marbre blanc: un nombre infini de jeunes & belles perfonnes, de l'un & de l'autre fexe. Ils étoient fi fort occupés de leur converfation, qu'il n'apperçurent Belzamine que quand elle fut proche d'eux, ainfi elle eut tout le loifir de les examiner. Ils étoient tous habillés de longues robes de gaze, de diverfes couleurs, avec des ceintures de diamans; ils avoient tous auffi des vifages fi beaux & fi jeunes, que Belzamine les prit d'abord pour une troupe de belles filles; cependant elle remarqua que les

uns

uns portoient une étoile brillante fur leur tête, & les autres dans un nœud de ruban
fous le menton, & elle jugea
que c'étoit là ce qui diftin-
guoit leur féxe ; d'ailleurs,
comme ceux qui avoient l'é-
toile fous le menton étoient
un peu plus grands, & qu'ils
avoient un air plus libre, elle
jugea que ceux-là étoient des
hommes.

Cependant ils apperçurent
enfin la Princeffe, & furent
éblouïs de fa beauté. Quelle
eft, dit un jeune habitant ,
cette belle fille, qui femble
venir à Nous? O dieux! ne
nous y trompons point, repri-
rent enfemble tous les autres,

P

c'eſt ſans doute Vénus elle-même qui vient préſider au choix que nous devons faire demain.

La troupe des Bergers & des Bergeres ſe leva auſſi-tôt, & ils s'avançerent avec un air reſpectueux vers Belzamine, en chantant des hymnes à Vénus ; ſa confuſion fut d'abord auſſi grande que ſon étonnement ; mais reconnoiſſant leur erreur : Arrêtez, leur dit-elle, aveugles Bergers, ceſſez de profaner le nom de votre Déeſſe. Je ſuis mortelle, & je cherche un azile parmi vous ; daignerez vous ſeulement me l'accorder ?

Ces paroles prononcées

avec tant de modestie, par la plus belle bouche du monde, remplirent d'admiration tous les habitans. Les Bergeres convenoient qu'elle avoit les charmes de Vénus, & les Bergers étoient ravis que ce ne fût qu'une mortelle, avec une beauté divine. Ils l'assurérent avec vivacité qu'ils se trouvoient heureux de la posseder parmi eux, & qu'ils n'oublirroient rien pour lui rendre agréable le séjour de la planette.

Ils la conduisirent en même tems dans une petite cabane de myrthes dont les branches entrelassées avec art, formoient des desseins admirables. Belle

Bergere, lui dit un jeune habitant, nous n'avons point de Palais à vous offrir; nos logemens ont un air simple & peut-être ruftique, mais nous y vivons heureux; vous ne fçavez point encore nos loix continua-t-il; la premiere eft d'aimer: fans doute vous n'y ferez point rebelle dès que vous aurez vû le beau Berger qui eft ici depuis hier; toutes nos Bergeres fe difputent déja fon cœur... mais le voilà qui s'avance vers la fontaine. Belzamine tourna la tête de ce côté, & auffi-tôt, quittant brufquement les Bergers, elle vola au devant de lui; Melidor de fon côté (car elle ne fe trom-

poit point) s'élança comme
un éclair vers fa chere Princeffe.

Que ne fe dirent-ils point
en s'abordant! Quels tranf-
ports! Les foupirs, les larmes,
le filence même, tout fut em-
ployé pour exprimer leur
amour, & le plaifir qu'ils fen-
toient de fe retrouver. Melidor
fe jetta aux pieds de la Princeffe, il embraffa mille fois
fes genoux, & lui confirma
par les fermens les plus tendres, un amour dont elle étoit
déja perfuadée. L'agitation de
leurs fens un peu calmée, ils
s'affirent fur les bords de la
fontaine, & fe raconterent
tout ce qui leur étoit arrivé de-

puis leur féparation. Combien trouverent-ils dans leur malheurs communs, de nouvelles raifons pour s'aimer davantage? Belzamine ne croyoit pas pouvoir payer par toute fa tendreffe, les maux que fon amant avoit foufferts dans fa métamorphofe, & Melidor vouloit égaler par fon ardeur la conftance de la Princeffe, dont il avoit eu de fi fortes preuves.

Cependant le jour s'avançoit, & ces heureux amans ne s'en apperçurent que parcequ'ils auroient fouhaité qu'il eût été plus long encore. Que le temps, mon cher Melidor, dit la Princeffe, s'écoule vîte pour les amans! Il me semble qu'il n'y a qu'un moment que je vous vois; cependant quand je pense à tout ce que nous avons dit, il y a plus d'un jour, il faut donc que le soleil éclaire ici plus longtemps que sur la tterre. Hélas ! je voudrois adorable Belzamine, répondit le Prince, que les jours fussent ici d'une année, il me paroîtroient encore trop courts avec vous ; mais je ne connois point encore les saisons ni les jours de ce nouveau pays, je ne sçai pas même comment j'y ai été transporté : votre sang qui jaillit sur moi, mit fin à ma métamorphose, & je me trouvai aussi-tôt ici, où votre préfence vient de terminer mes malheurs; du reste je ne connois point la planette où nous sommes, mais nous allons être instruits de tout ce que nous voulons sçavoir, par ce jeune habitant qui vient puiser de l'eau à cette fontaine. En même tems Melidor se leva, il aborda civilement le Berger, le pria de s'asseoir auprès de la Princesse, & de vouloir bien lui apprendre dans quel Pays ils étoient & comment le soleil y mesuroit son cours. Le jeune habitant répondit obligeamment au Prince, & commença aussi-tôt son discours en ces termes.

Le Pays que vous habitez,

Madame, est la planette de Vénus, ainsi appellée du nom de la Déesse que nous y adorons; tout ce qui respire ici connoît son souverain pouvoir; les femmes y sont belles & tendres; les hommes bien faits & amoureux, de sorte que parmi nous, vivre n'est autre chose qu'aimer; nos années sont d'environ huit mois, mais nos jours sont au moins doubles des vôtres: le soleil qui sembleroit devoir rendre cette planette inhabitable par sa chaleur, absorbe ses rayons dans un vaste athmosphere qui entoure notre air superieur, ainsi nous ne sentons qu'une chaleur temperée & même toûjours égale, car nous avons un printemps continuel, & celui qui régne chez vous n'est qu'une influence de notre globe, puisqu'alors les habitans de la terre goûtent à peu près notre bonheur.

La nuit ne nous enveloppe point aussi d'épaisses ténébres, parce qu'elle est presque toute partagée entre les crépuscules & les aurores, qui nous tiennent lieu de lune; nous en tirons aussi de grands avantages: souvent une rigoureuse beauté après avoir défesperé son amant pendant la clarté du jour, devient plus traitable dans l'obscurité séduisante de la nuit; souvent aussi le crépuscule commençant, à vû mourir plus

d'un amour, que l'aurore avoit
vû naître ; car des amours de
fix grands mois, comme on en
voit quelquefois chez vous,
feroient ici des prodiges inoüis ;
nous aimons en naiffant, mais
nous naiffons inconftans, & le
changement n'eft point un crime chez nous, puifqu'il n'eft
pas contre nos loix ; cependant nous admirons la conftance, quand par hazard nous
en voyons des exemples ; du
refte la loi fondamentale de
ce pays, eft d'aimer, & on l'ob-
ferve exactement en changeant
toûjours d'objet, puifque en
rompant un engagement pour
un autre, on ne ceffe point
d'aimer. Tout cela, Madame,

continua-t-il, vous surpren-
droit moins si vous sçaviez
qu'on ne connoît point ici le
Dieu d'Hymen, ni ses chaînes
respectables, & que Vénus,
notre Déesse, rit des sermens
& des parjures des amans.

Belzamine baissoit les yeux,
pendant ce discours, qui faisoit souffrir sa vertu, c'est pourquoi elle interrompit le Berger. Permettez-moi, lui dit-
elle, de vous faire une ques-
tion : Par quel charme puis-je
entendre vos pensées, quoique
votre langue me soit incon-
nuë ?

L'Amour, répondit le jeune
habitant, ce Dieu tout puissant, cette souveraine intelli-

gence que nous ſervons avec
un culte ſi pur , eſt l’inventeur
de notre langue ; quoiqu’elle
ne ſoit pas réguliere , nous
nous faiſons comprendre ſans
peine , & nous perſuadons ſans
éloquence. En quel lieu de
l’univers , JE VOUS AIME,
n’eſt-il point entendu ? C’eſt
un mot familier de notre idio-
me , le reſte en eſt auſſi facile
pour ceux que l’amour inſpire.
Nous parlons donc le langage
des Dieux , puiſque c’eſt celui
de l’Amour , le maître des autres Dieux : c’eſt une langue
univerſelle , car tout mortel
peut l’entendre , & le plus
amoureux eſt celui qui la parle
le mieux. Notre Académie

compofée des amans les plus
fpirituels, ne s'occupe point
à l'enrichir ni à la reformer,
elle refpecte l'ufage, s'appli-
que à le conferver, & tient
pour affûré, que le beau langage eft celui qui eft reçû généralement : Cet augufte tri-
bunal adminiftre auffi la juftice, & juge les coupables. Ici
la forme n'emporte jamais le
fond, car nous déteftons la
chicane & fes formalités ;
nos Juges quoique jeunes, ont
des lumieres & de l'intégrité;
d'ailleurs, nos loix font fi fim-
ples & en fi petit nombre, qu'il
fuffit de les confulter, pour
prononcer fur tous les cas.
Nous ne connoiffons guéres

d'autres crimes que la jalousie, la froideur, l'indifférence, l'infidelité & la coquetterie ; ces deux dernieres sur tout, sont les plus impardonnables. Je vous ai dit que l'inconstance étoit permise, mais l'infidelité ne l'est point. Un Berger peut quitter sa maîtresse pour s'attacher à une autre, mais en même tems il perd ses droits sur le cœur de la premiere : Une Bergere a le même droit de changer, pourvû qu'elle s'en tienne aussi à un seul amant, & qu'elle ne lui manque pas de foi, tandis qu'il croit posseder son cœur. Cette loi est fondée sur la droiture & la probité dont tous les hommes doivent faire profession: Aussi le Sénat amoureux ne fait point de grace pour ce crime ; il punit aussi rigoureusement les autres selon leur genre & les circonstances, & les coupables sont envoyés pour toûjours dans les Planettes de Saturne ou de Mercure.

Je vis partir, continua-t-il, l'année passée, deux vaisseaux aîlés, remplis de criminels relegués dans ces deux planettes ; mille infidéles, autant de coquettes: dix ingrats partirent pour Mercure, cinq jaloux & une jeune fille convaincuë d'une froideur à toute épreuve, furent envoyés dans Saturne; cette belle insensible ne fut

pas

pas touchée de son banis-
sement ; elle osa même se
railler de Psiché , & Vénus
notre Déesse , n'étoit , disoit-
elle , qu'un beau nom que
nous avions donné à la passion qui nous anime ; elle porta même le scandale , jusqu'à
dire qu'elle auroit mieux méri-
té des autels , puisqu'elle sça-
voit vaincre cette même passion à laquelle notre Déesse n'avoit pû résister ; je n'ose,
qu'en tremblant , repeter
ces blasphêmes. Au reste cette
bergere est la seule que j'aye
vûe accuser d'indifférence.

Vous sçaurez encore, con-
tinua-t-il , que nous sommes
gouvernés par un Sacrifica-

Q

teur , qui eſt Roi en même temps ; ſon autorité eſt de dix années , & il partage l'honneur de la ſacrificature avec une Bergere qui eſt comme lui déclarée Prêtreſſe de Vénus. Ils ſont élûs l'un & l'autre dans une aſſemblée générale ; on a égard ſur tout à leur beauté & à leur tendreſſe ; car quoiqu'ils puiſſent ſe quitter, on examine au moins ſi juſqu'alors ils ſe ſont aimés de bonne foi.

Ne ſoyez point étonnée de ne voir ici que des jeunes gens, jamais on n'y a vû mourir ni même vieillir perſonne ; dès que les hommes ont atteint trente-cinq ans , & les femmes trente, ils quittent notre riant Empire pour paſſer dans les planettes qui leur conviennent. Ainſi, Jupiter, Mars, Saturne, Mercure, & la Lune même, partagent nos dépoüilles. Demain, par exemple, nous élirons un nouveau Sacrificateur & une nouvelle Prêtreſſe; les anciens partiront avec la colonie, & s'ils veulent s'unir par les liens de l'hymenée, avant que de nous quitter, on en fera la cérémonie dans le Temple.

Melidor interrompit alors le Berger, pour lui demander s'il lui feroit permis d'aſſiſter avec la Princeſſe à la cérémonie? Sans doute, reprit le jeune homme, votre préfence nous honorera heaucoup, & dès que l'aurore de demain paroî-tra, je viendrai vous chercher, & je vous conduirai moi-même dans le temple; mais la nuit approche, & vous devez avoir befoin de prendre de la nourriture; ne dédaignez pas un repas frugal que je vous préfente avec le plus grand plaifir du monde. Melidor & la Princeffe témoignerent leur reconnoiffance au Berger de fa complaifance & de fa gé-nérofité, & accepterent l'offre qu'il leur faifoit. Le repas n'étoit compofé que de fruits, mais fi délicieux qu'ils ne laif-foient point régreter les vian-

des les plus exquises. La maîtresse du Berger combla d'honneurs Belzamine, & lui demanda son amitié : La conversation ne roula que sur l'amour,
& que pouvoient dire autre
chose des amans ? Enfin, Melidor se rendant aux instances
de son Hôte & de sa Bergere,
leur raconta ses avantures &
celles de Belzamine, & les
maux qu'ils avoient soufferts
l'un & l'autre. Si l'amour le
plus tendre & l'ardeur la plus
vive étoient peints dans le
récit de Melidor, les yeux de
son amante n'étoient pas moins
éloquents. Leurs Hôtes éton-
nés de voir un couple d'amans
si constans & si tendres, les

regardoient avec admiration.
Le repas fini, ils les conduifi-
rent dans une petite cabane
voifine & s'en retournérent
chez eux, fe jurant mutuelle-
ment, & promettant à Vénus
d'imiter la pieté de ces aimables Etrangers.

Auffi-tôt que Belzamine fut
feule avec Melidor, elle ne
contraignit plus fa douleur.
Dans quel Pays fommes nous,
dit-elle, en regardant tendrement le Prince? L'inconftance
y paffe pour vertu ; je vais donc
vous perdre ?.... A ces mots
elle foupira, & fes beaux yeux
fe couvrirent de larmes ; Melidor fe jetta à fes genoux, &
lui jura mille fois que les vices

du climat ne séduiroient jamais son cœur: J'en ai pour garants, dit-il, vos charmes & mon amour, divine Belzamine. La Princesse lui tendit la main, & le pria de pardonner à sa tendresse la foiblesse qu'elle lui montroit. Si votre amour, dit-elle, est le prix du mien, cher Prince, il doit être éternel: Pourois-je sans mourir, être témoin de votre inconstance! Ils passerent la nuit, Melidor à rassurer Belzamine, & la Princesse à marquer toute sa tendresse à son amant.

Le lendemain, au lever de l'aurore, plusieurs habitans, accompagnés du Berger qui leur avoit parlé de Melidor &

de son amante, se rendirent
à leur cabane, & les conduisirent au Temple de Vénus.
C'étoit une grande salle de
Myrthes toujours verds, au
milieu de laquelle la Statuë
de la Déesse paroissoit, élevée
sur un piédestal ; elle étoit nuë,
assise dans une coquille telle
que les Poëtes la representent
au sortir de l'onde, & sembloit
regarder d'un œil caressant les
Bergers qui apportoient leurs
présens à ses pieds, sur un autel
dressé pour les recevoir. Un
gazon émaillé de toutes sortes
de fleurs régnoit autour de la
salle, & servoit de siéges à
tous ceux qui assistoient à la
Cérémonie.

Le

Le Sacrificateur & la Prê-
tresse entrerent dans le Temple, vétus l'un & l'autre d'une
longue robe de gaze blanche,
semée de fleurs bleuës. Ils dé-
poserent au pied de la Statuë
de Vénus, la couronne de
myrthes & l'anneau, qui étoient
les marques de leur dignité :
Ils brûlerent ensuite dix grains
d'encens, & demanderent à
partir ensemble pour la planette de Jupiter ; on les maria
aussi-tôt, & il furent conduits
en pompe au vaisseau qui les
attendoit. Leur départ excita
les regrets de toute la planette,
& les larmes de plusieurs habitans. Belle Coronis, s'écrierent quelques Bergers, nous

R

vous perdons, & vous n'êtes point fensible à notre douleur! Elle ne répondit point, elle parloit à fon époux, & ne fembloit voir que lui ; en même tems ils s'embarquerent aux acclamations de tout le peuple. Deux jeunes Bergeres ne parurent pas moins touchées du départ du Sacrificateur ; leurs foupirs & leurs regards exprimerent leur douleur, & elles rentrerent dans le Temple avec un trouble qui augmentoit leur beauté.

Alors on proceda à l'élection des nouveaux Sacrificateurs ; on entendoit déja dans le Temple le nom de la belle Myrrha & de l'aimable Armidor , mais tout-à-coup , les yeux de l'assemblée se tournerent sur Melidor & Belzamine. Le Berger qui les avoit entretenus la veille, avoit si fort exageré leur tendresse , qu'il avoit gagné la plus grande partie des suffrages en leur faveur ; leur beauté entraîna le reste. Ils refuserent d'abord un honneur auquel ils ne s'attendoient point, mais malgré leur résistance, ils furent proclamés d'une voix unanime , & revêtus des marques de leurs dignités.

On lut à haute voix les Loix de la planette aux nouveaux Sacrificateurs, qui jurerent de les observer. On fit un sacrifice de deux Tourterelles &

de deux Moineaux , oifeaux chéris de Vénus , on fervit en- fuite un repas frugal , après lequel l'affemblée fe fépara.

Melidor & Belzamine com- blés d'honneurs & enyvrés de tendreffe , fe trouverent enfin auffi heureux qu'ils avoient été malheureux auparavant. Ils au- roient même abdiqué volon- tiers la Royauté & la Sacrifi- cature , pour n'avoir d'autres foins que celui de s'aimer. Bel- zamine n'avoit des yeux que pour fon amant , & Melidor n'adoroit que Belzamine. Ils étoient l'un & l'autre réverés & chéris dans l'Empire amou- reux ; les amans fe difpu- toient à qui pourroit égaler l'ardeur de Melidor, & les Bergeres se proposoient pour modéle la tendresse de Belzamine: ainsi Vénus y étoit mieux servie qu'à Paphos ou à Cithére: telle étoit la force des exemples que donnoient à leurs Peuples ces tendres Sacrificateurs.

Ils passerent un an dans cet heureux état: mais quel bonheur est durable! Trompeuses félicités de l'amour! Vous n'êtes qu'une ombre, ou semblables à un songe; vous en avez la légereté, & ne laissez aux amans que le souvenir & le regret de ce qu'ils ont perdu!

Myrrha, l'inconstante maîtresse du tendre Armidor, conçut de l'amour pour Melidor, & n'oublia rien pour lui en donner : féduit par fes artifices, & cédant au dégoût qui fuit naturellement une paifible poffeffion, le Prince aima Myrrha, & devint infidéle. Belzamine continuoit toujours à témoigner de mille façons nouvelles la tendreffe à fon amant, dont elle croyoit feule faire le bonheur : elle voyoit fans jaloufie les complaifances qu'il avoit pour Myrrha , & n'ofoit les croire criminelles : mais elle eut enfin des preuves bien cruelles de ce qu'elle ne vouloit pas même foupçonner.

Un jour elle le furprit avec Myrrha , dans un cabinet de

chevrefeüille ; il y étoit non-
challamment couché fur le
gazon , & fon amante avec un
air badin qui marquoit fon
contentement , lui nattoit les
cheveux. Qu'elle vûë pour la
Princeffe ! Elle recula deux
pas, mais faifant réflexion qu'ils
l'avoient apperçûë, & qu'elle
offenferoit le Prince en lui
marquant de la défiance, elle
fe détermina à entrer. L'air
doux & ferain qu'elle avoit fçû
fe compofer raffûra ces deux
coupables. Je vous cherchois ,
dit-elle alors à Melidor , vos
Peuples vous demandent, pour
fçavoir de vous fi un Tilleul
qui a été profcrit de la Forêt
des Chênes , & que les Zephirs

viennent d'apporter ici, peut
être mis dans le bois des Myrthes.

Hé, n'êtes-vous pas la maîtresse ici, Belzamine, dit Melidor, sans se relever; vos ordres sont les miens : parlez, &
que tout vous obéïsse; ma présence seroit un obstacle à vos
droits: Allez, dites mes volontés, & je serai toujours con-
tent de tout ce que vous aurez
ordonné. Belzamine ne répondit rien, & sortit promptement
pour cacher les larmes qui al-
loient couler de ses beaux
yeux. O Dieux! s'écria-t-elle,
est-ce ainsi que vous récom-
pensez ma constance?

La douleur dans l'ame, &

la tristesse peinte sur le visage,
elle alla donner ses ordres au
nom du Grand Sacrificateur,
& le Tilleul orné de guirlan-
des, fut placé à la porte du
Temple. La cérémonie dura
toute la journée, Melidor n'y
parut point; il laissoit à Belzamine des honneurs qui ne la
dédommageoient pas de la tendresse qu'il lui ôtoit. Le lendemain elle vit son infidéle
amant, mais il lui parut si occupé, qu'elle put à peine lui
dire deux mots; elle ne lui fit
point de reproches. La présence & l'air triomphant de Myrrha, acheverent de l'accabler:
au lieu de s'emporter contre sa
rivale, elle lui cacha son agi-

tation, résoluë de ne lui opposer d'autres armes que sa vertu & sa tendresse.

Cependant elle alloit souvent voir le Tilleul ; c'étoit le
même qui lui avoit dit tant de
choses dans la Forêt des Chênes, mais il ne lui parloit plus,
il agitoit seulement ses branches, lorsque Belzamine pleu-
roit près de lui , & sembloit
témoigner par de violentes se-
cousses, qu'il étoit sensible à
ses peines ; quelque fois même
elle voyoit distiller des goûtes
d'eau du Tilleul à mesure qu'elle répandoit des larmes.

Un jour que la Princesse se
livroit à tout l'excès de sa douleur, au pied de cet arbre sen-

fible, elle l'entendit foupirer avec elle affez diftinctement. Qui êtes-vous donc, lui dit-elle, qui femblez vous intéref-fer à mes peines ? Vous par-liez dans la Forêt des Chênes ; quel enchantement vous in-terdit ici la parole en vous laiffant le fentiment ? Ne puis-je donc fçavoir de qui mon fort excite la compaffion ?

L'arbre trembla, & fit d'i-nutiles efforts pour répondre ; il ne fortit de fes branches qu'un murmure confus, que la Princeffe écouta en vain. Elle tenoit alors dans fa main la Feüille myftérieufe que le Chêne protecteur lui avoit donnée, & fongeoit à l'ufage

qu'elle en devoit faire. En tou-
cherai-je le Tilleul? difoit-
elle. Me parlera-t-il ? & m'ap-
prendrai-t-il ce fecret impor-
tant, dont le Chêne m'a parlé ?
je fçais, hélas! que Melidor ne
m'aime plus, peut-on me ré-
veler quelque chofe qui me
touche davantage ? Ou cette
feüille , par un pouvoir fur-na-
turel, peut-elle me rendre la
tendreffe de mon amant? Je
l'ai perdu fans efperance. Allez
Feüille inutile . . . . . A ces mots
elle jetta la Feüille; le hazard la
porta contre le Tilleul, qui tré-
faillit d'abord , enfuite il pen-
cha fes branches comme pour
remercier la Princeffe, & enfin
lui parla d'une voix diftincte

qui fortit de fon tronc.

Adorable Belzamine, dit-il, vous venez de me rendre la vie, & quoique je ne la tienne que de votre dépit, je ne vous en ai pas moins d'obligation; reprenez votre Feüille, elle n'a point perdu fa vertu pour vous, parce que vous n'avez pas eu deſſein d'en faire l'épreuve pour moi; gardez-la foigneuſement, elle vous fera néceſſaire dans une autre occaſion. La Princeſſe courut auſſi-tôt la ramaſſer. Comme elle ſe baiſſoit pour la reprendre, le vent la pouſſa plus loin, & la fit paſſer ſur un bouquet de Perſil & une plante de Marjolaine, qui étoient aſſez près l'un de l'autre. Belzamine s'avança & se baissa une seconde fois, mais en la reprenant elle fut fort étonnée d'entendre parler le Persil & la Marjolaine. Charmante Zamire, disoit le premier, quel prodige me rend la parole ? Dois-je m'en servir pour vous parler d'un amour qui a fait votre malheur ? Je vous ai perdue avec moi, je dois vous être odieux. Non, Calistandre, reprit la Marjolaine, loin de vous accuser de mes maux, je suis sensible aux vôtres ; je n'en accuse que le fort & l'amour ; on n'aime guéres quand on ne sçait pas être malheureux avec ce qu'on aime : mais nous ne sommes plus à plaindre dès que nous avons la liberté de nous dire que nous nous aimons; & ce commencement de bonheur me donne de grandes esperances. La Fée Diablotine se lasse peut-être de nous persecuter; peut-être la puissance touche-t-elle à son terme, peut-être le Roi votre pere, se repent-il de ses emportemens; que sçai-je? on nous rend la parole, on se lassera bien-tôt de nous voir Plantes.

Adorable Zamire, répondit Calistandre, les esperances que vous me donnez me flattent moins, que le bonheur dont je joüis à présent; vous m'aimez, vous me pardonnez votre métamorphofe, la mienne n'a plus rien de dur ; & qu'importe fous quelle forme ou quelle figure je fois heureux ? Et je le fuis puifque je goûte le plaifir d'être aimé. . . .

Belzamine n'eut pas la curiofité d'écouter plus longtems cette converfation, occupée entierement de l'infidelité de Melidor qui la rendoit infenfible à toute autre chofe, elle retourna promptement fe remettre au pied du Tilleul, qui reprit ainfi fon difcours. Ce que je vous avois prédit, eft donc arrivé ; l'ingrat Melidor laffé de fon bonheur, vous abandonne. O ciel ! il étoit trop heureux. Vous avez fuivi
aveuglément

aveuglément les premieres pré-
ventions de votre cœur, &
rien n'a été capable de détourner les malheurs dont l'Oracle
vous avoit menacée. Eh! de
quoi fert de me rappeller cette funefte prédiction, dit la
Princeffe, puifqu'elle devoit
néceffairement s'accomplir?
Quand mon cœur malgré moi
fe donna à Melidor, ce Prince
étoit alors digne de toute ma
tendreffe. Son amour & le mien
me raffûrerent contre les menaces de l'Oracle, ou plûtôt
me les firent oublier; pouvois-
je faire autre chofe?

Il falloit éprouver Melidor
plus longtems, reprit le Tilleul : fa premiere tendreffe

pour la Fée Renoncule devoit
vous apprendre qu’il n’étoit
point capable d’une grande
conftance. Toute charmante
que vous êtes il vous oublie
aujourd’hui, & des appas moins
puiffans l’entraînent par la légereté de fon caractere.

Ah ! s’écria la Princeffe ,
que les Dieux n’ont-ils fait ce
Prince moins aimable, puifqu’il pouvoit ceffer d’aimer !
Mais malgré fa perfidie, il n’eft
pas moins charmant.

Quoi! Belzamine, reprit le
Tilleul, voudriez-vous effayer
de faire revenir Melidor à vous?
C’eft une foibleffe qui offenferoit votre gloire ; prenez une
réfolution plus noble & plus

digne de vous, vengez-vous de l'infidelité de votre amant, & souffrez qu'un cœur qui connoît tout le prix du vôtre...

Arrêtez, dit la Princesse, ne me forcez pas en m'éloignant de vous, à fuir la seule consolation qui me reste. Non, non, Madame, dit le Tilleul, vous ne devez pas me craindre; je suis le malheureux, l'effroyable Tecserion; mes malheurs m'intéressent aux vôtres; permettez-moi au moins de vous plaindre: je ne suis qu'un arbre à present, & ma métamorphose est l'ouvrage de Renoncule; c'est ainsi qu'elle a récompensé mon amour: mais que dis-je? Peut-on profaner

le beau nom d'amour pour une
autre, quand une fois on en a
senti pour vous. Cette Fée
barbare m'a accablé de toute
sa puissance, dans un tems ou
la mienne m'étoit inutile ; car
vous sçavez que notre pouvoir
cesse dès que nous sommes
amoureux d'une Fée : Elle pro-
fita donc de l'avantage qu'elle
avoit sur moi, & pour me punir
de vous avoir aimée, elle me
changea en Tilleul, comme
vous le voyez. Les Chênes me
reçurent d'abord dans leur Forêt ; mais dans la suite je de-
vins le sujet de mille querelles,
pour les terminer, je me con-
damnai moi-même, & je re-
nonçai facilement à un lieu

où vous n'étiez plus; je deman-
dai à être tranſporté ici, & on
n'oſa me le refuſer. Je n'avois
cependant aucun eſpoir de
vous parler de ma tendreſſe,
car, en ſortant de la Forêt, j'a-
vois perdu l'uſage de la parole.
J'ai été plus heureux que je ne
l'avois eſperé, votre préſence,
& le plaiſir de partager vos
peines, ont d'abord adouci la
dureté de mon ſort, & vous
venez de me rendre la parole.
Vous connoiſſez la plus vive
de mes peines, ne m'accablez
pas, charmante Princeſſe, de
vos rigueurs, n'ôtez pas au
moins à mon ombre l'avantage
de vous garantir du ſoleil. Jamais le reſpectueux amour que

vous m'avez infpiré, ne s'ex-
primera à vos yeux que par mes
foins & mon obéiſſance ; daignez ne les pas refufer. Je ſçai
trop combien je vous dois être
odieux; mais, Belzamine, fon-
gez que ſi j'ai cauſé vos premiers
malheurs, mon neveu eſt encore plus criminel que moi: votre
tendreſſe que j'aurois acheté de
l'immortalité même, en a fait
un ingrat ; vous l'aimez cependant encore, quoique infidéle,
& moi je ſuis haï, & toujours
conſtant. Quelle difference !
belle Princeſſe : Vos yeux fe-
ront-ils toujours éblouïs par
une belle figure ? Vous devez
être au-deſſus des préjugés
vulgaires ; mais je pardonne

votre aveuglement aux Dieux qui m'avoient si mal partagé du côté des avantages extérieurs; vous n'avez vû que ma laideur . . . . .

Quoi donc, reprit la Princesse, d'un ton plus tranquille, n'étiez-vous pas le plus cruel ennemi que je puisse avoir?

J'étois jaloux & effroyable, belle Princesse, c'en étoit trop pour être haï; mais n'aviez-vous pas appris d'une Autruche, que je devois changer de figure? Il est vrai, dit Belzamine, mais mon cœur prévenu pour Melidor, ne me laissoit pas le tems d'examiner les motifs de votre cruauté; je ne voyois dans Tecserion qu'un

tyran injuſte, qui vouloit for-
cer mon inclination, qui s'op-
poſoit à mon bonheur, qui
perſécutoit mon amant: En
effet, quel droit pouviez-vous
avoir ſur mon cœur, pour prétendre m'obtenir malgré moi?
J'aimois Melidor, j'en étois
adorée; vous étoit-il permis
de traverſer nos amours, &
d'uſer contre nous des traite-
mens les plus indignes? Mais
que dis-je? Votre cruauté ne
devoit point ſe preſcrire de
bornes, vous deviez prévenir
mes malheurs, en m'arrachant
la vie, je ne verrois point aujourd'hui Melidor infidéle.

Le voici qui vient, interrompit le Tilleul, allez, aimable

mable Princesse, il vous cherche sans doute ; votre joye
m'annonce à quoi je dois m'attendre, vous allez lui apprendre qui je suis, & il va me sacrifier à sa colere ; si ce n'est qu'à
son amour je lui pardonne tous
les maux qu'il m'aprête ; trop
heureux de pouvoir expier
par ma mort, le crime de vous
avoir coûté tant de larmes !
Le Tilleul se tut à ces mots,
& l'eau qui distilla aussi-tôt de
ses branches, laissa sur la terre
des marques de sa douleur.

Belzamine attendrie par ce
spectacle, le rassûra : Non, lui
dit-elle, vous n'avez rien à
craindre ; la trahison ne servira
jamais ma vengeance. Elle s'a-
T

vança en même-tems au devant
de Melidor, qui la ramena au
pied du Tilleul, & s'y affit
auprès d'elle. Il lui demanda
d'abord, pourquoi elle aimoit
tant cet arbre ? Pourquoi elle
préferoit fon ombre à celle
des autres arbres , dont les
jardins étoient remplis ?

Ne lui fuffit-il pas pour me
plaire, Seigneur, lui dit-elle,
d'avoir contribué au bonheur
de vous retrouver ? Je me rap-
pelle continuelement fous fon
ombrage, le tems que j'ai paffé
dans la Forêt des Chênes, la
douleur que je fentois alors de
votre abfence ; enfin , j'y trouve du plaifir dans le fouvenir
de ce que j'ay fouffert pour

vous : mais il me semble continua-t-elle, en le regardant
tendrement, que vous avez de
l'inquiétude? Vous ne me dites
rien? vous ne m'écoutez pas?
Belzamine ne peut-elle entrer
dans votre confidence? Elle
est toujours la même; parlez,
Seigneur, je peux peut-être
vous servir.

Madame, reprit le Prince,
de quoi m'accusez-vous? Je
n'ai point de mystere à vous
faire, & je ne doute point de
vos sentimens pour moi: mais
je vous avoüe que je suis embarrassé, & ce qui m'améne ici
pourra peut-être vous faire
quelque peine.

Non, Seigneur, reprit-elle,

parlez & ne craignez pas de me déplaire ; n'en êtes-vous point encore assez persuadé ? En prononçant ces paroles d'un ton passionné, elle prit la main de Melidor & la serra entre les siennes. Le Prince fut d'abord ébranlé, mais sentant qu'il alloit se laisser toucher, il détourna ses yeux de dessus Belzamine, & devenu hardi dans cette contenance forcée : Je viens, lui dit-il, vous demander votre Couronne ; Myrra voudroit s'en parer demain, & je lui ai promis de la lui apporter.

Vous lui avez promis ? s'écria tristement Belzamine. Ensuite prenant un ton plus ferme : mais sçavez-vous , continua-t-elle, si les Peuples souffriront qu'elle porte sans leur consentement, les marques de ma dignité ?

J'ai tout prévû, reprit froidement Melidor ; d'ailleurs ne suis-je pas le maître ? Ma volonté fait les loix, & vous sçavez aussi que vous ne tenez votre pouvoir que du mien.

C'en est assez, dit la Princesse vivement pénetrée de la dureté de ces paroles, je vois enfin que je n'ai plus rien à opposer à votre injustice : Hé bien la voilà, cette fatale Couronne, reprenez-la donc, je ne l'avois point désirée ; elle ne me flatoit qu'à cause de vous.

Allez, ingrat, allez la porter à celle que vous aimez ; une Couronne lui plaira ; pour moi je l'eusse refusée si elle m'eût été offerte seule, & je ne la regretterois point si en la perdant je ne perdois en même-tems votre cœur. Mais je rougis de ma foiblesse.... A ces mots elle le quitta, pour aller cacher ses larmes & son désespoir ; Melidor s'éloigna aussi de son côté, emportant la Couronne de Belzamine.

La Princesse n'osoit revenir sous le Tilleul ; il avoit été le témoin de l'affront qu'elle avoit reçû de Melidor, il l'eût exageré, & malgré son désespoir, elle ne se sentoit

pas affez de force pour entendre dire du mal de fon amant;
tout, jufqu'à fa colere lui faifoit fentir combien il lui étoit
encore cher. Ah! fans doute,
difoit-elle, il eft entraîné malgré lui par le pouvoir de la
Planette. Non, Melidor, fi
vous n'étiez point ici, vous
m'aimeriez avec la même tendreffe qui faifoit autrefois votre
bonheur & le mien.

Ainfi, toujours ingénieufe à
fe flatter, elle paffa le refte du
jour à regretter & à juftifier fon
amant. Le lendemain, feignant
de fe trouver incommodée,
elle le pria de lui permettre
de ne point paroître à la Fête:
Comment voulez-vous vous
T iiij

en dispenser, Madame ? lui répondit-il, puisque les Jeux sont en votre honneur, il faut que vous y soyiez présente; de plus, je desire que vous y paroissiez, & je crois que vous ne me refuserez par cette grace: Je ne peux rien vous refuser, répondit la Princesse; mais je croyois que je n'étois point nécessaire à cette Fête. Je ne vois point, Madame, reprit-il, que vous puissiez vous dispenser d'y assister, à moins que vous ne vouliez nommer Myrrha pour tenir votre place. J'y consens, répondit Belzamine, & je la prie de faire pour moi les honneurs de la Fête: Allez, en s'adressant à quelques jeunes Prêtresses qui étoient auprès d’elle, allez dire de ma part à Myrrha, que je l’ai choisie pour tenir ma place. Je m’en charge moi-même, dit le Prince, je vais sur sur le champ lui apprendre l’honneur que vous lui faites. En prononçant ces mots il sortit.

Il est plus facile d’imaginer la situation où se trouva alors la Princesse, que de le décrire. Elle versa un torrent de larmes; mille fois elle souhaita de mourir, mille fois elle en forma le dessein, mais l’image de Melidor, & l’esperance de regagner sa tendresse, dissipérent les violentes résolutions. Enfin, malgré l’abattement où la

douleur l'avoit jettée, elle se
traîna vers le Tilleul pour le
consulter; en s'en approchant
elle fut fort étonnée de le voir
presque mort; ses feüilles au
lieu de leur verdure naturelle,
avoient une couleur jaunâtre,
semblable à celle que la fin
de l'automne donne aux Forêts. D'où vient donc lui dit-
elle, le changement que j'ap-
perçois? Quel malheur vous
peut-être arrivé? Hélas! Princesse, reprit le Tilleul, d'une
voix foible & tremblante, j'es-
pere enfin que le Ciel va s'a-
doucir en ma faveur, & que
ce jour sera le dernier de ma
vie; qu'il mette fin aussi à votre
haine, je vous en conjure par

vos charmes, adorable Belzamine. Puifque je meurs de la douleur qui vous accable, oubliez que je vous ai perfecutée ; vous en êtes affez vengée, & moi affez puni.

Vous mourez, s'écria la Princeffe, & vous me laiffez encore plus malheureufe que vous ! Ah ! daignez me fecourir, vivez pour me confoler : l'injufte Melidor m'abandonne, je ne puis cependant le haïr, mais je ne veux plus l'aimer ; il a offenfé ma tendreffe par des procedés trop cruels, il ne la mérite plus : Que dis-je, hélas ! S'il ne la mérite plus, que deviendrai-je ? Puis-je vivre & ne pas l'aimer ? A ces mots, la Princesse accablée de douleur, tomba presque sans mouvement au pied du Tilleul. Il en parut vivement affligé: si vous étiez capable d'une véritable résolution, lui dit-il, je vous dirois ce qu'il faut faire pour vous venger; mais belle Princesse, votre amour est plus fort que votre colere: si Melidor ne vous dit lui-même qu'il est infidéle vous ne le croirez pas. Il vous ôte votre Couronne, il la donne à une autre, pouvez-vous encore douter de sa perfidie, & demeurer insensible à ses outrages? Examinez-vous, je puis servir votre vengeance, mais votre résolution une fois prise,

il faut la suivre avec constance.
Hé bien vengez-moi donc à
l'instant, dit la Princesse, car
si je le revois avant, mon amour
ne laissera plus de force à mon
courroux.

Prenez la Feüille du Chêne
protecteur, dit le Tilleul,
frottez-en le pied de mon arbre, je ne vous demande que
cela. La Princesse tira cette
Feüille d'une boëte d'or, où
elle l'avoit enfermée, & d'une
main tremblante, elle exécuta
ce que lui avoit dit le Tilleul.

Alors, l'arbre prit insensiblement aux yeux de la Princesse, la figure humaine : Elle
vit la métamorphose s'operer,
le Tilleul disparoître enfin,

& un homme prendre fa place : Il ne reſſembloit point à l'af- freux Tecſerion, il paroiſſoit avoir environ cinquante ans : il étoit bien fait, ſes traits n'a- voient rien que d'aimable & de majeſtueux, il étoit magni- fiquement habillé, & ſon air inſpiroit du reſpect.

Me voilà à preſent, belle Princeſſe, lui dit-il, en état de vous venger de mon per- fide neveu, je tiens dans ma main ſa mort ou ſa vie, ordon- nez-en à votre gré, & ſoyez ſûre que vous ſerez obéïe, dès ce moment vos ordres ſont la régle de mes volontés. La Prin- ceſſe ne ceſſoit de le regarder, & ſa ſurpriſe ne diminuoit pas :

Quoi! Seigneur, lui dit-elle enfin, vous êtes le même Roi que j'ai vû sous les traits de Tecserion?

Oüi, Madame, j'étois votre tyran & le plus cruel de vos ennemis, aujourd'hui, grace à vos bontés & au pouvoir de la Feüille myſtérieuſe, je ſuis Orcanor, Roi des Autruches, votre ſujet & votre eſclave le plus ſoumis.

J'implore donc votre bonté, dit-elle, pour mon volage amant; ne le puniſſez pas de l'injure qu'il m'a faite: Je ne ſuis pas maîtreſſe de mes ſentimens, peut-il être le maître des ſiens? Mon cœur n'eſt peut-être pas digne de Melidor;

laissez-lui la vie, Seigneur, tôt ou tard il reconnoîtra sa faute, & le prix de ma tendresse.

Foible Princesse, dit Orcanor, vous l'aimez encore, puisque vous craignez de le voir puni, mais je ne puis vous accorder que sa vie ; on va le dépossoder & me donner la Sacrificature: maître de la souveraine autorité, je pourrai encore si vous voulez, faire repentir par un châtiment exemplaire votre heureuse rivale, de vous avoir enlevé Melidor.

Me préserve le ciel, s'écria la Princesse, de vouloir ainsi me venger ! Et que m'a fait Myrrha?

Myrrha ? elle a cedé à un penchant dont je connois le danger ; si c'est un crime d'aimer Melidor, je suis la plus coupable, puisque je l'aime encore malgré son ingratitude ; je consentirai plûtôt qu'elle soit aimée, & que le Prince me haïsse, qu'à la punir d'être aimable.

En achevant ces mots, elle vit paroître les habitans de la Planette, qui venoient en foule se jetter aux pieds d'Orcanor ; ils le conduisirent dans le Temple, & le proclamerent Roi & Sacrificateur. On le plaça sur le Trône, & l'on fit asseoir auprès de lui Belzamine, malgré sa résistance.

V

Enfuite dix Prêtres amenerent dans l'affemblée Melidor, lié avec une chaîne de myrthe. Myrrha le fuivoit enchaînée de même, & conduite par dix Prêtreffes : Melidor dans cet état humiliant, au pied d'un Trône fur lequel il avoit coûtume de dicter fes volontés, n'ofoit lever les yeux, & Myrrha confufe n'ofoit regarder fa rivale.

Regardez-moi, Prince, dit le Roi, reconnoiffez Orcanor, & voyez votre Juge & votre Maître. Je vous permets cependant de vous défendre, juftifiez-vous fi vous le pouvez auprès de la Princeffe, de l'injuftice de vos procedés. Melidor in-

timidé par son oncle & par
sa propre conscience, ne répondit pas un mot.

Orcanor ordonna au Sénat
qui étoit present en corps, de
juger Melidor selon les loix
du Pays, & de prononçer son
jugement ; alors le premier
Sénateur adressa la parole à
Belzamine, & lui parla en ses
termes.

Melidor, grande Princesse,
est convaincu d'ingratitude &
d'infidelité ; la rigueur de nos
loix ne peut s'adoucir en sa
faveur , car nous ne faisons
jamais de grace , afin d'ôter
toute esperance d'impunité :
Il est donc condamné à partir
pour la Planette de Saturne,

& la coquette Myrrha fera releguée feule dans un défert de celle de Mercure. Mais avant elle paffera une année dans le Soleil, pour expier dans cette terre brûlante le crime d'avoir féduit un cœur qui ne devoit brûler que pour vous; telles font grande Princeffe nos conclufions, ou plûtôt celles de la juftice même ; c'eft à vous à les faire executer.

Alors Belzamine qui étoit affife fur fon Trône, fe leva pour répondre au Sénat. Je fçai dit-elle, la féverité de vos loix, & je ne veux point en blâmer l'équité ; mais Melidor n'eft point coupable, il ne l'eft qu'envers moi, & je lui pardonne. Myrrha est belle, le Prince est aimable, pouvoient-ils s'empêcher de s'aimer. Je demande donc qu'ils ne soient punis ni l'un ni l'autre. Qu'on me permette en même-tems de retourner au Royaume des Fleurs, & d'y joüir de la tranquillité que je sens renaître dans mon ame : tous les maux que j'ai soufferts me font connoître aujourd'hui le prix de ma liberté, ainsi il faut que je vous quitte ; je connois vos maximes, vous ne souffrez point chez vous un cœur insensible, qui attireroit sur la Nation la colere de Vénus. Si mon estime & mon amitié peuvent contenter le Roi que vous venez de choisir, je les lui offre de tout mon cœur, je ne puis rien de plus. A ces mots Belzamine se tut, & il s'éleva aussi-tôt dans l'assemblée un murmure confus; Orcanor demanda du silence & parla ainsi.

Adorable Princesse, vous sçavez que j'ai toujours été malheureux, & je vais l'être bien davantage si je vous perds; mais ne vous laisserez-vous point toucher par la rigueur de mon sort? Et vous Peuples amoureux, qui m'écoutez, souffrirez-vous que votre Roi ait la douleur de voir partir une Princesse, qui seule peut faire son bonheur? Consentirez-vous aussi à perdre une Reine qui vous aime?

Orcanor fut interrompu dans son discours, par un prodige auquel il ne s'attendoit point. Myrrha ôta sa ceinture, la mit sur sa tête, ses traits changerent aussi-tôt. Le Roi, Belzamine, & Melidor, la reconnurent pour la fatale Renoncule.

Roi des Autruches, dit-elle, d'un ton d'assûrance, Prince des Topases, & vous tendre Princesse, écoutez-moi, je vais terminer vos disputes. Je suis venuë ici sous la figure d'une jeune Bergere; j'ai encore tenté le cœur de Melidor, par des artifices ausquels il n'a pû résister; je l'ai rendu aussi malheureux aujourd'hui que je le

désirois, pour le punir de l'infidelité qu'il m'avoit faite, je
suis contente de l'avoir enlevé
à Belzamine, & honteuse de
lui avoir plû sous une figure
empruntée : à present je l'abandonne pour jamais, cependant
qu'il vive heureux, si son inconstance naturelle le lui permet; Belzamine peut continuer
à l'aimer, mais qu'elle prenne
cette bague, & qu'elle passe
une éguille dedans. Les destins
ont attaché son bonheur à cette
cérémonie, en disant cela elle
présenta à Orcanor la bague
qu'elle tenoit pour la Princesse,
& disparut en même-tems, sans
même jetter un regard sur Melidor.

Alors

Alors Orcanor se jetta aux genoux de Belzamine, & la conjura au nom de l'Assemblée, de terminer toutes choses, en executant ce que le destin lui ordonnoit. Il l'assura encore que ce qui alloit arriver, devant faire son bonheur, elle pourroit en joüir sans obstacle, dût-il lui être défendu de la voir jamais. La Princesse pressée par le Roi & le Sénat, prit en tremblant la bague des mains du Roi, & y passa une éguille.

A l'instant Melidor fit un cri perçant, & tomba par terre baigné dans son sang qui sortoit à grands flots d'une blessure profonde, qu'il avoit au-dessous du cœur.   X

Belzamine courut à lui, & le trouva sans connoissance; alors la pitié réveilla son amour qui étoit mal éteint. Melidor mourant ne lui parut plus coupable; elle frémit d'horreur quand elle fit attention que c'étoit elle-même qui en perçant la bague enchantée de la méchante Renoncule, avoit percé son amant: Elle ne put retenir ses larmes, & s'empressa de le secourir. Cependant le sang de Melidor s'arrêta, il ouvrit les yeux, il les promena longtems sur le Roi & sur l'Assemblée; enfin les arrêtant sur la Princesse : Je meurs, Madame, lui dit-il, & l'Oracle n'est que trop accompli, puis-

que je meurs de la main de
celle qui s'interessoit le plus
à ma vie. Mon unique regret est
de n'avoir pas le tems de vous
marquer ma reconnoissance de
tout ce que vous avez fait pour
moi; je reconnois mes erreurs,
je m'en repens assez pour attirer
votre compassion dans ce dernier moment : oubliez-les, Madame, & soyez assurée que
je meurs le plus repentant &
le plus amoureux de tous les
hommes. A ces mots il prit la
main de Belzamine, & la porta
sur sa bouche : le froid de ses
lévres fit une vive impression
sur la Princesse; alors sa douleur
ne garda plus de mesure, elle
se jetta sur le corps de son

amant, & le ferrant entre fes bras : Vous ne mourrez pas feul, lui dit-elle, mon cher Prince, je vais vous fuivre! Non, Melidor, vous ne m'avez point trahie! Vous avez cedé à la cruauté du deftin. Je ne me fouviens que de votre ten-dreffe; & puifque vous m'ai-mez affez je mourrai contente avec vous! A ces mots elle pancha fon beau vifage fur celui de Melidor, & fes fan-glots feuls laifferent croire qu'-elle vivoit encore. O ciel! s'é-cria le Prince, d'une voix foi-ble & mourante, fe peut-il que je trouve cette félicité au moment où je vais la perdre! Ah! Belzamine, que votre tendreſſe m'eſt cruelle, & que je meurs malheureux de ne pouvoir vous marquer ma reconnoiſſance!

Orcanor qui étoit reſté immobile pendant tout ce tems là, deſcendit de ſon Thrône; & la douleur peinte ſur le viſage, il s'approcha de ces deux amans qui ſembloient n'avoir plus qu'un moment à vivre.

C'eſt trop long-tems vous perſecuter, leur dit-il. Fidéle Belzamine, prenez la feüille du Chêne Protecteur, elle peut vous ſervir pour rendre la vie à votre amant. La Princeſſe en toucha auſſi-tôt la bleſſure de Melidor qui fut guéri ſur le champ, & ſe re-

leva avec autant de forces que
s'il n'avoit pas perdu une goûte
de sang.

Quel fut en ce moment
le plaisir & l'étonnement de
Belzamine! Toute accoûtumée
qu'elle étoit aux prodiges,
elle craignoit que celui qu'elle
voyoit ne fût une illusion de
son amour. Melidor la releva
lui-même, & lui marqua sa
tendresse par des transports si
vifs, qu'elle commença à croire
qu'il vivoit effectivement.

Après le premier étonne-
ment, Orcanor prit Belzamine
par la main, & la fit asseoir
sur le Trône, il monta à côté
d'elle, & du Sceptre qu'il tenoit, il fit signe qu'il vouloit

parlér ; on fit filence , & il commença ainfi.

Le fpectacle dont nous venons d'être témoins , ne nous permet plus de féparer ces deux amans ; ils feroient trop malheureux éloignés l'un de l'autre. Leur d'eftinée eft accomplie, il feroit trop injufte de troubler leur bonheur. Vous m'avez choifi pour votre Roi, & comme cet honneur peut me dédommager de la perte de la belle Belzamine, je le conferve, & je remets entre les mains du Prince mon neveu, le Royaume des Autruches , avec la Princeffe des Fleurs.

Souffrez donc, Peuples fortunés, que je couronne ici le Prince des Saphirs Roi des Autruches, & que je lui donne cette Princeſſe pour épouſe, puiſque ſon cœur n'accepte pas l'hommage du mien : Cette action qui peut vous paroître généreuſe, ne mérite point votre admiration. Si l'effort que j'ai fait m'a coûté, j'ai ſenti en même-tems qu'il étoit néceſſaire ; je ne pourrois être heureux avec la Princeſſe dont je ne pourrois faire le bonheur ; je me rends juſtice ſur mon âge, & je reconnois le mérite de Melidor ; ainſi en renonçant à Belzamine, je ne fais que lui céder un bien dont je ne pourrois joüir.

Orcanor n'avoit pas encore cessé de parler, que Melidor embrassoit ses genoux. La Princesse à son exemple en fit autant, & lui jura mille fois qu'elle n'oublieroit jamais qu'elle tenoit de lui sa vie & son bonheur.

Orcanor les fit relever, & les embrassant tous deux : allez mes enfans, leur dit-il, allez joüir d'une félicité que je ne vous envie plus ; oubliez, en vous aimant, les maux que je vous ai faits, & pardonnez-moi mes injustices. Il mit ensuite une Couronne sur la tête de Melidor, & un anneau d'un prix inestimable au doigt de Belzamine, & fit célebrer leur

mariage avec une pompe in-
finie.

La Fée des Myrthes infor-
mée que la deſtinée des amans
qu'elle protégeoit étoit enfin
accomplie, en porta auſſi-tôt la
nouvelle à la Reine des Fleurs,
& la mena avec elle dans la
Planette de Vénus. Elles y
paſſerent une année avec le
Roi Sacrificateur, qui s'efforça
de réparer auprès de la Reine,
par les honneurs dont il la
combla, la dureté de ſes anciens procedés.

L'année écoulée, la Fée
des Myrthes ramena la Reine
& les deux amans dans le
Royaume des Autruches. Le
nouveau Roi commença ſon

regne par leur rendre la figure humaine à toutes, & au lieu d'y punir les amans comme avoit fait Tecserion, en consideration de son amour pour Belzamine, il fit publier des loix séveres contre les Indifferens. Ils vécurent une longue suite d'années, toûjours aimables & toûjours amoureux.

Orcanor regna avec une grande sagesse dans la Planette de Vénus ; il en fit répandre les plus douces influences sur son neveu & sur Belzamine. L'on croit que les dix ans de sa Royauté finis, il demanda à partir pour le monde de Jupiter.

FIN.

Fautes à corriger.

Page 28. ligne 6. pensa, *lisez* pense.

idem ligne 16. s'excusa, *lisez* l'excusa.

31. ligne derniere, offensantes, *lisez* offençantes.

46. ligne 16. assez, *lisez* née.

51. ligne 14. retiroit, *lisez* retira.

65. ligne 18. superieure, *lisez* imperieuse.

115. ligne derniere, souffrir Melidor, *lisez* souffrir à Melidor.

117. ligne 2. sa, *lisez* la.

124. ligne première, de ne l'avoir nommé, *lisez* de ne l'avoir pas nommé.

144. ligne derniere, soulament, *lisez* soulagement.